LES
AUTEURS GRECS

EXPLIQUÉS D'APRÈS UNE MÉTHODE NOUVELLE

PAR DEUX TRADUCTIONS FRANÇAISES

L'UNE LITTÉRALE ET JUXTALINÉAIRE PRÉSENTANT LE MOT A MOT FRANÇAIS
EN REGARD DES MOTS GRECS CORRESPONDANTS
L'AUTRE CORRECTE ET PRÉCÉDÉE DU TEXTE GREC

avec des arguments et des notes

PAR UNE SOCIÉTÉ DE PROFESSEURS

ET D'HELLÉNISTES

HOMÈRE

—

L'ILIADE

EXPLIQUÉ LITTÉRALEMENT
TRADUIT EN FRANÇAIS ET ANNOTÉ
PAR C. LEPRÉVOST

—

Vingt-Deuxième Chant

PARIS
LIBRAIRIE HACHETTE ET Cie
79, BOULEVARD SAINT-GERMAIN, 79

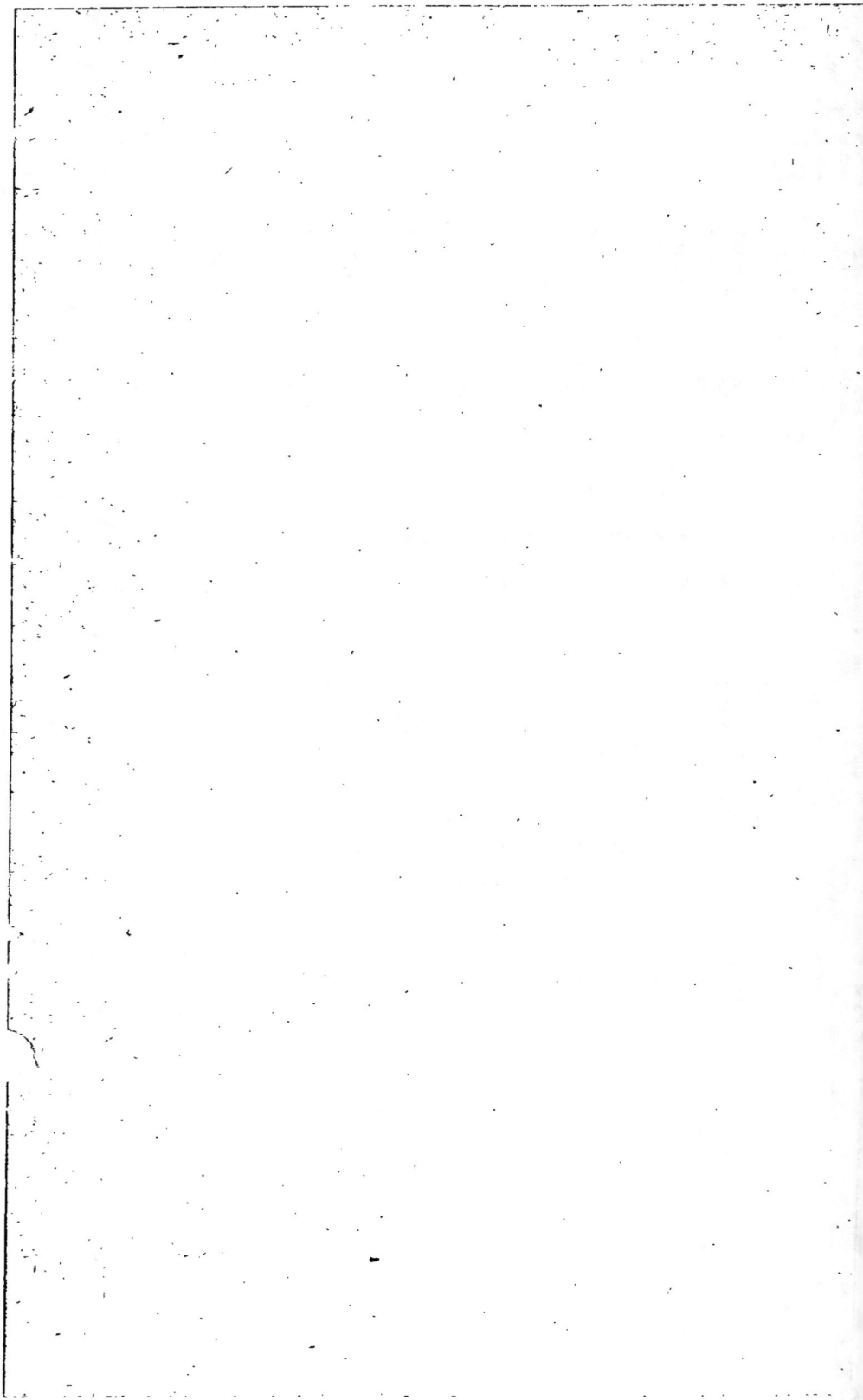

LES

AUTEURS GRECS

EXPLIQUÉS D'APRÈS UNE MÉTHODE NOUVELLE

PAR DEUX TRADUCTIONS FRANÇAISES

Ce chant a été expliqué littéralement, traduit en français et annoté par M. C. Leprévost, ancien professeur de l'Université.

14675. — Imprimerie A. Lahure, rue de Fleurus, 9, à Paris.

LES
AUTEURS GRECS

EXPLIQUÉS D'APRÈS UNE MÉTHODE NOUVELLE

PAR DEUX TRADUCTIONS FRANÇAISES

L'UNE LITTÉRALE ET JUXTALINÉAIRE PRÉSENTANT LE MOT A MOT FRANÇAIS
EN REGARD DES MOTS GRECS CORRESPONDANTS
L'AUTRE CORRECTE ET PRÉCÉDÉE DU TEXTE GREC

avec des arguments et des notes

PAR UNE SOCIÉTÉ DE PROFESSEURS

ET D'HELLÉNISTES

———

L'ILIADE D'HOMÈRE

22ᵉ CHANT

———⟨∘∘∘⟩———

PARIS

LIBRAIRIE HACHETTE ET Cⁱᵉ

79, BOULEVARD SAINT-GERMAIN, 79

——

1887

AVIS

RELATIF A LA TRADUCTION JUXTALINÉAIRE

On a réuni par des traits les mots français qui traduisent un seul mot grec.

On a imprimé en *italique* les mots qu'il était nécessaire d'ajouter pour rendre intelligible la traduction littérale, et qui n'ont pas leur équivalent dans le grec.

Enfin, les mots placés entre parenthèses, dans le français, doivent être considérés comme une seconde explication, plus intelligible que la version littérale.

ARGUMENT ANALYTIQUE

DU VINGT-DEUXIÈME CHANT DE L'ILIADE.

———

Les Troyens, dont Apollon a protégé la fuite par la ruse, sont rentrés dans la ville, et Achille égaré reconnaît son erreur. — Il retourne sur ses pas, et Hector ose l'attendre en dehors des remparts. — Prière de Priam à son fils, dont il voudrait conjurer le danger. — Hécube à son tour l'exhorte à la prudence, et lui fait prévoir le sort qui l'attend. — Hector délibère en lui-même ; sa résolution.—Achille paraît. — Hector fuit épouvanté. — Poursuivi de près par Achille, il fait trois fois le tour d'Ilion. — Jupiter consulte les dieux, et leur propose de sauver Hector. — Minerve s'y oppose. — Hector, à qui Phébus vient en aide, élude la poursuite d'Achille. — Jupiter pèse la destinée des deux héros : Hector est condamné. — Phébus l'abandonne, et Minerve vole aux côtés d'Achille. — Elle l'encourage. — La déesse, sous les traits de Déïphobe, engage Hector à attendre son ennemi. — Hector rend grâces à son frère, qui vient à son secours. — Réponse de Minerve. — Hector s'engage à ne point profaner le corps d'Achille, s'il est vainqueur. — Achille refuse de stipuler aucun traité, et, pour toute réponse, il le défie au combat. — Hector esquive le javelot de son ennemi, et lui lance le sien, qui heurte contre le bouclier d'Achille. — Il en demande un autre à son frère, qu'il ne voit plus : il comprend l'artifice. — Il se résigne, et veut mourir glorieusement. — Combat. — Achille triomphe. — Prière d'Hector. — Achille est inflexible. — Discours des Grecs, qui viennent contempler le cadavre d'Hector. — Achille exhorte ses compagnons à venger le meurtre de Patrocle, attache les pieds d'Hector à son char et le traîne autour de la ville. — Douleur des Troyens. — Désespoir de Priam. — Plaintes d'Hécube. — Apprêts d'Andromaque pour le retour de son mari, qu'elle attend encore. — Elle entend des cris de douleur. — Elle monte sur la tour, et s'évanouit à la vue du cadavre d'Hector. — Ses adieux à son mari, ses plaintes ; tableau de la destinée réservée à l'orphelin.

———o0o———

ΟΜΗΡΟΥ

ΙΛΙΑΔΟΣ

ΡΑΨΩΔΙΑ Χ.

ΕΚΤΟΡΟΣ ΑΝΑΙΡΕΣΙΣ.

Ὣς οἱ μὲν κατὰ ἄστυ πεφυζότες, ἠΰτε νεϐροὶ,
ἱδρῶ ἀπεψύχοντο, πίον τ', ἀκέοντό τε δίψαν,
κεκλιμένοι καλῇσιν ἐπάλξεσιν· αὐτὰρ Ἀχαιοι
τείχεος ἆσσον ἴσαν, σάκε' ὤμοισι κλίναντες.
Ἕκτορα δ' αὐτοῦ μεῖναι ὀλοιὴ Μοῖρ' ἐπέδησεν,   5
Ἰλίου προπάροιθε πυλάων τε Σκαιάων.
Αὐτὰρ Πηλείωνα προσηύδα Φοῖϐος Ἀπόλλων·
 « Τίπτε με, Πηλέος υἱὲ, ποσὶν ταχέεσσι διώκεις,
αὐτὸς θνητὸς ἐὼν θεὸν ἄμϐροτον; οὐδέ νύ πώ με
ἔγνως ὡς θεός εἰμι, σὺ δ' ἀσπερχὲς μενεαίνεις.   10
Ἦ νύ τοι οὔτι μέλει Τρώων πόνος, οὓς ἐφόϐησας,
οἳ δή τοι εἰς ἄστυ ἄλεν, σὺ δὲ δεῦρο λιάσθης.

Ainsi fuyaient vers la ville les Troyens épouvantés comme des
faons : ils sèchent la sueur qui les couvre, et étanchent leur soif à
l'abri des superbes remparts. Mais les Grecs approchent des murailles,
leurs boucliers sur les épaules ; et la funeste Destinée enchaîne là
Hector, qui les attend devant Ilion, aux portes Scées. Alors Phébus
Apollon dit au fils de Pélée :

« Pourquoi, fils de Pélée, toi qui n'es qu'un homme, poursuivre
de toute ta vitesse un dieu immortel ? Tu ne sais pas que je suis un
dieu, et tu donnes carrière à ta fureur. Tu as négligé de harceler les
Troyens, que tu as mis en fuite et qui sont rentrés dans la ville, pour

L'ILIADE
D'HOMÈRE.

CHANT XXII.

DÉFAITE D'HECTOR.

῏Ως οἱ μὲν	Ainsi ceux-ci à la vérité
πεφυζότες κατὰ ἄστυ,	ayant fui par la ville,
ἠύτε νεβροὶ,	comme des faons,
ἀπεψύχοντο ἱδρῶ,	se rafraîchissaient de la sueur,
πίον τε ἀκέοντό τε δίψαν,	et burent et guérissaient la soif,
κεκλιμένοι ἐπάλξεσι καλῇσιν·	s'étant appuyés aux remparts beaux;
αὐτὰρ Ἀχαιοὶ	mais les Achéens
ἴσαν ἄσσον τείχεος,	allèrent plus près du mur,
κλίναντες σάκεα	ayant appuyé *leurs* boucliers
ὤμοισι.	à *leurs* épaules.
Μοῖρα δὲ ὀλοιὴ ἐπέδησεν Ἕκτορα	Or la Destinée funeste obligea Hector
μεῖναι αὐτοῦ,	à être resté là-même,
προπάροιθε Ἰλίου	au devant d'Ilion
πυλάων τε Σκαιάων.	et des portes Scées.
Αὐτὰρ Φοῖβος Ἀπόλλων	Alors Phébus Apollon
προσηύδα Πηλείωνα·	s'adressa au fils-de-Pélée :
« Τίπτε, υἱὲ Πηλέος,	« Pourquoi, fils de Pélée,
διώκεις ποσὶ ταχέεσσι	poursuis-tu de *tes* pieds rapides
μὲ θεὸν ἄμβροτον	moi dieu immortel,
ἐὼν αὐτὸς θνητός;	étant *toi*-même mortel? [moi
Οὐδέ νύ πω ἔγνως με	Et donc tu n'as pas encore reconnu
ὥς εἰμι θεὸς,	que je suis dieu,
σὺ δὲ μενεαίνεις ἀσπερχές.	mais toi tu es-furieux sans-relâche
Ἦ νυ πόνος Τρώων	Certes donc la fatigue des Troyens
οὔτι μέλει τοι,	n'inquiète en-rien toi,
οὓς ἐφόβησας,	lesquels tu as mis-en-fuite,
οἱ δή τοι ἄλεν	et qui certes sont enfermés
εἰς ἄστυ·	dans la ville,
τὺ δὲ λιάσθης δεῦρο.	et toi tu fus détourné ici.

Οὐ μέν με κτενέε.ς, ἐπεὶ οὔτοι μόρσιμός εἰμι. »

　Τὸν δὲ μέγ' ὀχθήσας προσέφη πόδας ὠκὺς Ἀχιλλεύς·

« Ἔβλαψάς μ', Ἑκάεργε, θεῶν ὀλοώτατε πάντων,   ：．

ἐνθάδε. νῦν τρέψας ἀπὸ τείχεος· ἦ κ' ἔτι πολλοὶ

γαῖαν ὀδὰξ εἷλον, πρὶν Ἴλιον εἰσαφικέσθαι.

Νῦν δ' ἐμὲ μὲν μέγα κῦδος ἀφείλεο, τοὺς δ' ἐσάωσας

ῥηϊδίως, ἐπεὶ οὔτι τίσιν γ' ἔδδεισας ὀπίσσω.

Ἦ σ' ἂν τισαίμην, εἴ μοι δύναμίς γε παρείη. »   20

　Ὡς εἰπὼν, προτὶ ἄστυ μέγα φρονέων ἐβεβήκει,

σευάμενος, ὥσθ' ἵππος ἀεθλοφόρος σὺν ὄχεσφιν,

ὅς ῥά τε ῥεῖα θέῃσι τιταινόμενος πεδίοιο·

ὣς Ἀχιλεὺς λαιψηρὰ πόδας καὶ γούνατ' ἐνώμα.

　Τὸν δ' ὁ γέρων Πρίαμος πρῶτος ἴδεν ὀφθαλμοῖσι,   25

παμφαίνονθ', ὥστ' ἀστέρ', ἐπεσσύμενον πεδίοιο,

ὅς ῥά τ' ὀπώρης εἶσιν· ἀρίζηλοι δέ οἱ αὐγαὶ

φαίνονται πολλοῖσι μετ' ἄστρασι νυκτὸς ἀμολγῷ·

t'écarter jusqu'ici. Mais tu ne me tueras pas, car je ne saurais mourir. »

　Achille aux pieds agiles répondit indigné : « Tu m'as trompé, dieu qui lances au loin les traits, le plus funeste des dieux, en m'amenant ici, loin des murailles. Bien d'autres auraient mordu la poussière avant de rentrer dans Ilion. Mais tu m'as ravi cette gloire en les protégeant impunément, puisque tu ne crains pas la vengeance. Oh! je me vengerais de toi, si j'en avais le pouvoir ! »

　A ces mots, il partit et marcha fièrement vers la ville, comme un coursier vainqueur qui court avec son char à travers la campagne ; ainsi courut Achille, emporté par ses pieds et ses jarrets rapides.

　Le vieux Priam l'aperçut le premier, lancé dans la plaine, et brillant comme l'astre, qui, se levant en automne, étincelle entre tous les autres dans l'ombre de la nuit, et que les hommes appellent le

Οὐ μὲν κτενέεις με,
ἐπεὶ οὔτοι εἰμὶ μόρσιμος. »
  Ἀχιλλεὺς δὲ ὠκὺς πόδας
ὀχθήσας μέγα
προσέφη τόν·
« Ἔβλαψάς με,
  Ἑκάεργε,
ὀλοώτατε πάντων θεῶν,
τρέψας νῦν ἐνθάδε
ἀπὸ τείχεος·
ᾗ πολλοὶ ἔτι
κέν εἷλον γαῖαν ὀδάξ,
πρὶν εἰσαφικέσθαι Ἴλιον.
Νῦν δὲ ἀφείλεο μὲν ἐμὲ
κῦδος μέγα,
ἐσάωσας δὲ τοὺς ῥηϊδίως,
ἐπεί γε οὔτι ἔδδεισας
τίσιν ὀπίσσω.
Ἦ ἂν τισαίμην σε,
εἴ γε δύναμις παρείη μοι. »
  Εἰπὼν ὣς,
ἐβεβήκει προτὶ ἄστυ,
φρονέων μέγα,
σευάμενος ὥστε ἵππος
ἀεθλοφόρος σὺν ὄχεσφιν,
ὅς ῥα θέῃσί τε ῥεῖα
τιταινόμενος πεδίοιο·
ὣς Ἀχιλεὺς
ἐνώμα λαιψηρὰ
πόδας καὶ γούνατα.
  Ὁ δὲ Πρίαμος γέρων
ἴδε πρῶτος ὀφθαλμοῖσι
τὸν παμφαίνοντα
ἐπεσσύμενον πεδίοιο,
ὥστε ἀστέρα,
ὅς ῥά τε εἶσιν ὀπώρης·
αὐγαὶ δὲ ἀρίζηλοι
φαίνονταί οἱ
μετὰ ἄστρασι πολλοῖσιν
ἀμολγῷ νυκτός·

Tu ne tueras pas à la vérité moi,
puisque je ne suis pas sujet-à-la-mort.»
     Et Achille rapide *quant* aux pieds
s'étant indigné grandement
dit-à lui :
« Tu as égaré moi,
dieu qui-lances-au-loin-*les-traits*,
le plus funeste de tous les dieux,
*m'*ayant tourné aujourd'hui ici
loin du mur ;
certes beaucoup encore
eussent pris la terre avec-les-dents,
avant d'être parvenus à Ilion.
Mais à présent et tu as ravi à moi
une gloire grande,
et tu as sauvé eux aisément,
puisque certes tu n'as craint en rien
de vengeance·dans-la-suite.
Certes je me fusse vengé de toi,
si du moins la puissance était à moi.»
     Ayant dit ainsi,
il marcha vers la ville,
pensant grandement,
s'étant élancé comme un cheval
remportant-le-prix avec les chars,
lequel certes court aisément
s'allongeant par-la-plaine :
ainsi Achille
rapidement remuait
et *ses* pieds et *ses* genoux.
     Et Priam vieillard
vit le premier de *ses* yeux
lui étincelant-tout-à-fait
s'étant élancé par la plaine,
comme un astre,
qui certes se lève en automne ;
et des lueurs très-claires
paraissent à lui (l'astre)
parmi des astres nombreux
dans l'ombre de la nuit ;

ὄντε κύν' Ὠρίωνος ἐπίκλησιν καλέουσι·
λαμπρότατος μὲν ὅδ' ἐστὶ, κακὸν δέ τε σῆμα τέτυκται,   3ο
καί τε φέρει πολλὸν πυρετὸν δειλοῖσι βροτοῖσιν·
ὡς τοῦ χαλκὸς ἔλαμπε περὶ στήθεσσι θέοντος.
Ὤμωξεν δ' ὁ γέρων, κεφαλὴν δ' ὅγε κόψατο χερσὶν,
ὑψόσ' ἀνασχόμενος, μέγα δ' οἰμώξας ἐγεγώνει,
λισσόμενος φίλον υἱόν· ὁ δὲ προπάροιθε πυλάων   35
ἑστήκει, ἄμοτον μεμαὼς Ἀχιλῆϊ μάχεσθαι.
Τὸν δ' ὁ γέρων ἐλεεινὰ προσηύδα, χεῖρας ὀρεγνύς·
« Ἕκτορ, μή μοι μίμνε, φίλον τέκος, ἀνέρα τοῦτον
οἶος ἄνευθ' ἄλλων, ἵνα μὴ τάχα πότμον ἐπίσπῃς,
Πηλείωνι δαμείς· ἐπειὴ πολὺ φέρτερός ἐστι.   4ο
Σχέτλιος! αἴθε θεοῖσι φίλος τοσσόνδε γένοιτο
ὅσσον ἐμοί! τάχα κέν ἑ κύνες καὶ γῦπες ἔδονται
κείμενον· ἦ κέ μοι αἰνὸν ἀπὸ πραπίδων ἄχος ἔλθοι·
ὅς μ' υἱῶν πολλῶν τε καὶ ἐσθλῶν εὖνιν ἔθηκε,
κτείνων, καὶ περνὰς νήσων ἔπι τηλεδαπάων.   45
Καὶ γὰρ νῦν δύο παῖδε, Λυκάονα καὶ Πολύδωρον.

Chien d'Orion; le plus éclatant et le plus malfaisant des astres, qui annonce une chaleur brûlante aux misérables mortels : ainsi brillait l'airain sur sa poitrine au milieu de sa course. Le vieillard gémissait, se frappait la tête, levait les mains, et appelait son fils d'une voix lamentable et suppliante. Mais lui, il restait debout devant les portes, brûlant du désir de combattre Achille. Le vieillard tendant vers lui les mains, lui dit d'une voix touchante :

« Hector, mon cher fils, n'attends pas cet homme tout seul, loin des autres; crains qu'il ne t'arrive malheur; tu peux être vaincu par le fils de Pélée, car il est bien plus fort que toi. Le barbare! Que n'est-il haï des dieux comme de moi-même! Il serait bientôt jeté en proie aux chiens et aux vautours, et mon cœur serait délivré de la cruelle douleur qui le déchire : il m'a privé de tant de valeureux fils, tuant les uns, vendant les autres dans des îles lointaines! Maintenant je ne

ὄντε καλέουσι   lequel *astre* on appelle

κύνα Ὠρίωνος ἐπίκλησιν ·   chien d'Orion *par le* surnom ;

ὅδε μέν ἐστι λαμπρότατος,   celui-ci certes est le plus brillan*t*

τέτυκται δέ τε σῆμα κακὸν,   mais a été fait signe mauvais,

καί τε φέρει πυρετὸν πολλὸν   et porte une chaleur grande

βροτοῖσι δειλοῖσιν ·   aux mortels malheureux :

ὡς χαλκὸς ἔλαμπε   ainsi l'airain brillait

περὶ στήθεσσι τοῦ θέοντος.   sur la poitrine de lui courant

Ὁ δὲ γέρων ᾤμωξεν,   Or le vieillard gémit,

ὅγε δὲ κόψατο   et celui-ci se frappa

κεφαλὴν χερσὶν   la tête de *ses* mains

ἀνασχόμενος ὑψόσε,   *les* ayant élevées en-haut,

ἐγεγώνει δὲ, οἰμώξας μέγα,   et il s'écriait, ayant gémi grandement,

λισσόμενος υἱὸν φίλον ·   suppliant *son* fils chéri :

ὁ δὲ ἑστήκει   et lui restait-debout

προπάροιθε πυλάων,   au devant des portes,

μεμαὼς ἄμοτον   ayant désiré ardemment

μάχεσθαι Ἀχιλῆι ·   de combattre Achille ;

ὁ δὲ γέρων ὀρεγνὺς χεῖρας   et le vieillard tendant les mains

προσηύδα τὸν ἐλεεινά ·   dit-à lui *ces mots* touchants :

« Ἕκτορ, φίλον τέκος,   « Hector, cher enfant,

μὴ μίμνε μοι τοῦτον ἀνέρα,   n'attends pas à moi cet homme,

οἶος ἄνευθεν ἄλλων,   seul loin des autres,

ἵνα μὴ ἐπίσπῃς   afin que tu n'aies pas atteint

τάχα πότμον,   bientôt la mort,

δαμεὶς Πηλείωνι,   ayant été dompté par le fils-de-Pélée,

ἐπειή ἐστι πολὺ φέρτερος.   puisque il est beaucoup plus fort.

Σχέτλιος !   Le cruel !

αἴθε γένοιτο   plût-au-ciel-que il fût

τοσσόνδε φίλος θεοῖσιν ὅσσον ἐμοί   aussi cher aux dieux qu'à moi !

Τάχα κύνες καὶ γῦπες   Bientôt les chiens et les vautours

κὲν ἔδονταί ἑ κείμενον ·   mangeraient lui gisant ;

ἦ ἄχος αἰνὸν   certes la douleur terrible

κὲν ἔλθοι μοι ἀπὸ πραπίδων ·   serait allée à moi hors des entrailles :

ὃς ἔθηκέ με   *lui* qui a placé moi

εὗνιν υἱῶν πολλῶν τε καὶ ἐσθλῶν,   privé de fils et nombreux et vaillants,

κτείνων καὶ περνὰς   *les* tuant et *les* vendant

ἐπὶ νήσων τηλεδαπάων.   dans des îles éloignées

Καὶ γὰρ νῦν   Et en effet maintenant

οὐ δύναμαι ἰδέειν,   je ne puis avoir vu,

οὐ δύναμαι ἰδέειν, Τρώων εἰς ἄστυ ἀλέντων,
τούς μοι Λαοθόη τέκετο, κρείουσα γυναικῶν.
Ἀλλ' εἰ μὲν ζώουσι μετὰ στρατῷ, ἦ τ' ἂν ἔπειτα
χαλκοῦ τε χρυσοῦ τ' ἀπολυσόμεθ' · ἔστι γὰρ ἔνδον ·   5o
πολλὰ γὰρ ὤπασε παιδὶ γέρων ὀνομάκλυτος Ἄλτης.
Εἰ δ' ἤδη τεθνᾶσι, καὶ εἰν Ἀΐδαο δόμοισιν,
ἄλγος ἐμῷ θυμῷ καὶ μητέρι, τοὶ τεκόμεσθα ·
λαοῖσιν δ' ἄλλοισι μινυνθαδιώτερον ἄλγος
ἔσσεται, ἢν μὴ καὶ σὺ θάνης, Ἀχιλῆϊ δαμασθείς.   55
Ἀλλ' εἰσέρχεο τεῖχος, ἐμὸν τέκος, ὄφρα σαώσης
Τρῶας καὶ Τρωὰς, μηδὲ μέγα κῦδος ὀρέξης
Πηλείδῃ, αὐτὸς δὲ φίλης αἰῶνος ἀμερθῇς.
Πρὸς δέ με τὸν δύστηνον ἔτι φρονέοντ' ἐλέησον,
δύσμορον, ὅν ῥα πατὴρ Κρονίδης ἐπὶ γήραος οὐδῷ   6o
αἴσῃ ἐν ἀργαλέῃ φθίσει, κακὰ πόλλ' ἐπιδόντα,
υἷάς τ' ὀλλυμένους ἑλκηθείσας τε θύγατρας,
καὶ θαλάμους κεραϊζομένους, καὶ νήπια τέκνα

puis plus voir, parmi les Troyens rassemblés dans la ville, mes deux
fils, Lycaon et Polydore, que m'avait donnés Laothoé, la plus belle
des femmes. S'ils sont encore vivants dans le camp des Grecs, nous
les rachèterons au prix de l'or et de l'airain que nous avons en abon-
dance : l'illustre vieillard Altès en a donné beaucoup à sa fille. Mais
s'ils sont morts et qu'ils soient descendus aux sombres demeures,
quelle douleur pour moi, pour la mère dont ils ont reçu le jour !
Pourtant le reste de l'armée s'en consolera plus facilement, pourvu
que tu ne périsses pas aussi, vaincu par Achille. Rentre dans nos murs,
mon fils, pour défendre les Troyens et les Troyennes, et ne donne
pas au fils de Pélée une occasion de se couvrir de gloire en t'exposant
à perdre la vie. Prends aussi pitié de ton malheureux père, qui te
donne encore un bon conseil, et qui, dans son infortune et sur le
seuil de la vieillesse, va se voir livré par le puissant fils de Saturne
au sort le plus cruel et à tous les genres de misères, pleurant ses fils
tués, ses filles enlevées, ses demeures livrées au pillage, les enfants

Τρώων ἀλέντων	les Troyens ayant été enfermés
εἰς ἄστυ,	dans la ville,
δύο παῖδε,	*mes* deux fils,
Λυκάονα καὶ Πολύδωρον,	Lycaon et Polydore,
τοὺς Λαοθόη τέκετό μοι,	que Laothoé engendra à moi,
κρείουσα γυναικῶν.	*Laothoé*, la meilleure des femmes.
Ἀλλὰ εἰ μὲν ζώουσι	Mais si à la vérité ils vivent
μετὰ στρατῷ,	parmi l'armée,
ἦ τε ἂν ἀπολυσόμεθα ἔπειτα	certes nous *les* rachèterons ensuite
χαλκοῦ τε χρυσοῦ τε ·	*à prix* et d'airain et d'or ;
ἔστι γὰρ ἔνδον ·	car il *en* est dans *mon palais.*
Ἄλτης γὰρ γέρων ὀνομακλυτὸς	Car Altès vieillard au-nom-illustre
ὤπασε πολλὰ παιδί.	*en* procura beaucoup à *sa* fille.
Εἰ δὲ τεθνᾶσιν ἤδη,	Mais si ils sont morts déjà,
καὶ εἰν δόμοισιν Ἀίδαο,	et dans les demeures de Pluton,
ἄλγος ἐμῷ θυμῷ	la douleur *est* à mon cœur
καὶ μητέρι,	et à *leur* mère,
τοὶ τεκόμεσθα ·	*à nous deux qui les* engendrâmes ;
ἄλγος δὲ μινυνθαδιώτερον	mais une douleur de plus courte-durée
ἔσσεται ἄλλοισι λαοῖσιν,	sera aux autres peuples,
ἢν σὺ καὶ μὴ θάνης,	si toi aussi tu n'es pas mort,
δαμασθεὶς Ἀχιλῆϊ.	ayant été dompté par Achille.
Ἀλλὰ εἰσέρχεο τεῖχος, ἐμὸν τέκος,	Mais entre-dans le mur, mon enfant,
ὄφρα σαώσης	afin que tu aies sauvé
Τρῶας καὶ Τρωὰς,	les Troyens et les Troyennes,
μηδὲ ὀρέξης κῦδος μέγα	et n'aies pas tendu une gloire grande
Πηλείδῃ,	au fils-de-Pélée,
αὐτὸς δὲ ἀμερθῇς	et *toi*-même *n'*aies *pas* été frustré
αἰῶνος φίλης.	de la vie chérie.
Πρὸς δὲ ἐλέησον ἐμὲ	Et en outre aie eu-pitié de moi,
τὸν δύστηνον ἔτι φρονέοντα,	le malheureux encore *bien* pensant,
δύσμορον,	infortuné,
ὅν ῥα πατὴρ Κρονίδης	que certes le père fils-de-Saturne
φθίσει ἐν αἴσῃ ἀργαλέῃ	fera-périr dans une destinée dure
ἐπὶ οὐδῷ γήραος,	sur le seuil de la vieillesse,
ἐπιδόντα κακὰ πολλὰ,	ayant ajouté des maux nombreux,
υἷάς τε ὀλλυμένους	et des fils perdus,
θύγατράς τε ἑλκηθείσας,	et des filles ayant été enlevées,
καὶ θαλάμους κεραϊζομένους,	et des chambres ravagées,
καὶ τέκνα νήπια	et des enfants ne-parlant-pas-encore

βαλλόμενα προτὶ γαίη, ἐν αἰνῇ δηϊοτῆτι,
ἑλκομένας τε νυοὺς ὀλοῇς ὑπὸ χερσὶν Ἀχαιῶν.   85
Αὐτὸν δ’ ἂν πύματόν με κύνες πρώτῃσι θύρῃσι
ὠμησταὶ ἐρύουσιν ἐπεί κέ τις ὀξέϊ χαλκῷ
τύψας, ἠὲ βαλὼν, ῥεθέων ἐκ θυμὸν ἕληται,
οὓς τρέφον ἐν μεγάροισι, τραπεζῆας πυλαωροὺς,
οἵ κ’ ἐμὸν αἷμα πιόντες, ἀλύσσοντες πέρι θυμῷ,   70
κείσοντ’ ἐν προθύροισι. Νέῳ δέ τε πάντ’ ἐπέοικεν,
Ἀρηϊκταμένῳ, δεδαϊγμένῳ ὀξέϊ χαλκῷ,
κεῖσθαι· πάντα δὲ καλὰ θανόντι περ, ὅττι φανήῃ·
ἀλλ’ ὅτε δὴ πολιόν τε κάρη, πολιόν τε γένειον,
αἰδῶ τ’ αἰσχύνωσι κύνες κταμένοιο γέροντος,   75
τοῦτο δὴ οἴκτιστον πέλεται δειλοῖσι βροτοῖσιν. »
    Ἦ ῥ’ ὁ γέρων, πολιὰς δ’ ἄρ’ ἀνὰ τρίχας ἕλκετο χερσὶ,
τίλλων ἐκ κεφαλῆς· οὐδ’ Ἕκτορι θυμὸν ἔπειθε.
Μήτηρ δ’ αὖθ’ ἑτέρωθεν ὀδύρετο δακρυχέουσα[1],

au berceau lancés contre terre par un ennemi farouche, et ses brus
trainées par les mains des Grecs ravisseurs! Et enfin, pour comble
d’horreur, moi-même frappé par l’épée ou la flèche d’un ennemi, qui
m’arrachera la vie, je serai jeté, sur mon seuil, en pâture aux chiens
que j’ai nourris des restes de ma table pour veiller à ma porte, et qui
bientôt iront, ivres de mon sang, se coucher sous mes portiques.
Sans doute il sied au jeune guerrier percé par le fer aigu, de rester
couché sur la terre : tout est encore beau en lui, malgré la mort.
Mais la tête blanche, la barbe blanche, le cadavre nu d’un vieillard
souillés par les chiens dévorants, voilà le plus triste des spectacles pour
les misérables mortels ! »

    A ces mots, le vieillard se tirait et s’arrachait les cheveux blancs
de sa tête; mais il ne persuadait pas Hector. De son côté, sa mère

βαλλόμενα προτὶ γαίῃ,	jetés contre terre,
ἐν δηϊοτῆτι αἰνῇ,	dans la mêlée terrible,
νυούς τε ἑλκομένας	et des brus entraînées
ὑπὸ χερσὶν ὀλοῇς Ἀχαιῶν.	par les mains funestes des Achéens.
Κύνες δὲ ὠμησταὶ	Et des chiens carnassiers
ἂν ἐρύουσί με αὐτὸν πύματον	déchireront moi-même dernier
θύρῃσι πρώτῃσιν,	sur les portes premières (au seuil),
ἐπεί τις	après que quelqu'un
τύψας χαλκῷ ὀξεῖ,	m'ayant frappé de l'airain aigu,
ἠὲ βαλὼν,	ou m'ayant jeté un trait, [bres,
κὲν ἕληται θυμὸν ἐκ ῥεθέων,	m'aura enlevé la vie hors des mem-
οὓς τρέφον	lesquels chiens j'ai nourris
ἐν μεγάροισι,	dans mes palais,
τραπεζῆας,	commensaux,
πυλαωρούς,	gardiens-de-la-porte,
οἳ πιόντες ἐμὸν αἷμα,	qui ayant bu mon sang,
ἀλύσσοντες πέρι θυμῷ,	furieux grandement en leur cœur,
κὲ κείσονται ἐν προθύροισιν	seront gisants dans les vestibules.
Ἐπέοικε δὲ πάντα τε	Or il convient et en toutes-choses
νέῳ Ἀρηϊκταμένῳ,	au jeune-homme tué-par-Mars,
κεῖσθαι,	d'être-gisant,
δεδαϊγμένῳ χαλκῷ ὀξεῖ·	ayant été percé par l'airain aigu ;
πάντα δὲ καλὰ	et toutes-choses sont belles en lui
θανόντι περ,	quoique étant mort,
ὅττι φανήῃ·	quelle-que-chose-qui ait paru ;
ἀλλὰ ὅτε δὴ	mais quand certes
κύνες αἰσχύνωσι	des chiens viennent-à-déshonorer
κάρη τε πολιὸν,	et une tête blanche
γένειόν τε πολιὸν,	et une barbe blanche
αἰδῶ τε γέροντος κταμένοιο,	et la pudeur d'un vieillard tué,
τοῦτο δὴ πέλεται οἴκτιστον	cela certes est le plus pitoyable
βροτοῖσι δειλοῖσιν. »	aux mortels misérables. »
Ὁ γέρων ἦ ῥα,	Le vieillard dit certes,
Ἕλκετο δὲ ἄρα ἀνὰ	et il se tirait certes en-haut
τρίχας πολιὰς χερσὶ,	les cheveux blancs avec les mains,
τίλλων ἐκ κεφαλῆς·	arrachant-les-poils de sa tête ;
οὐδὲ ἔπειθε	et il ne persuadait pas
θυμὸν Ἕκτορι.	le cœur à Hector.
Μήτηρ δὲ δακρυχέουσα	Or sa mère versant-des-larmes
ὀδύρετο αὖτε ἑτέρωθεν,	pleurait à-son-tour de-l'autre-côté,

κόλπον ἀνιεμένη, ἑτέρῃφι δὲ μαζὸν ἀνέσχε·   80
καί μιν δακρυχέουσ' ἔπεα πτερόεντα προσηύδα·
« Ἕκτορ, τέκνον ἐμὸν, τάδε τ' αἴδεο, καί μ' ἐλέησον
αὐτήν. Εἴποιέ τοι λαθικηδέα μαζὸν ἐπέσχον,
τῶν μνῆσαι, φίλε τέκνον· ἄμυνε δὲ δήϊον ἄνδρα,
τείχεος ἐντὸς ἐὼν, μηδὲ πρόμος ἵστασο τούτῳ.   85
Σχέτλιος! εἴπερ γάρ σε κατακτάνῃ, οὔ σ' ἔτ' ἔγωγε
κλαύσομαι ἐν λεχέεσσι, φίλον θάλος, ὃν τέκον αὐτὴ,
οὐδ' ἄλοχος πολύδωρος· ἄνευθε δέ σε μέγα νῶϊν
Ἀργείων παρὰ νηυσὶ κύνες ταχέες κατέδονται. »
Ὣς τώγε κλαίοντε προσαυδήτην φίλον υἱὸν,   90
πολλὰ λισσομένω· οὐδ' Ἕκτορι θυμὸν ἔπειθον·
ἀλλ' ὅγε μίμν' Ἀχιλῆα πελώριον ἄσσον ἰόντα.
Ὡς δὲ δράκων ἐπὶ χειῇ ὀρέστερος ἄνδρα μένῃσι,
βεβρωκὼς κακὰ φάρμακ'· ἔδυ δέ τέ μιν χόλος αἰνός·
σμερδαλέον δὲ δέδορκεν, ἑλισσόμενος περὶ χειῇ·   95
ὣς Ἕκτωρ, ἄσβεστον ἔχων μένος, οὐχ ὑπεχώρει,

gémissait et fondait en larmes ; puis découvrant son sein d'une main, et de l'autre montrant sa mamelle, elle lui dit en pleurant ces paroles, qui volent rapides :

« Hector, mon fils, respecte ce sein et prends pitié de moi. Souviens-toi de cette mamelle que je te tendais pour endormir tes chagrins, mon cher enfant. Viens dans nos murailles pour combattre cet homme, mais ne va pas t'offrir le premier à ses coups. Le cruel ! s'il t'immole, ce n'est pas sur un lit que je pourrai te pleurer, cher rejeton; ni moi qui t'ai donné le jour, ni ton épouse comblée de dons ; mais tu deviendras, bien loin de nous, près des vaisseaux argiens, la pâture des chiens agiles. »

C'est ainsi qu'ils pleuraient et qu'ils appelaient leur fils d'une voix suppliante, mais en vain. Hector attendait de pied ferme le redoutable Achille qui approchait. Tel un serpent des montagnes, qui, dans son trou, attend l'homme en mâchant de funestes poisons, et qui, plein de colère, lance d'horribles regards en se repliant dans son antre; tel Hector, animé d'une invincible ardeur, attend sans reculer ; et

ἀνιεμένη κόλπον,	découvrant *son* sein,
ἀνέσχε δὲ μαζὸν ἑτέρηφι ·	elle tira *sa* mamelle de l'autre *main;*
καὶ δακρυχέουσα	et versant-des-larmes
προσηύδα μιν ἔπεα πτερόεντα ·	elle dit-à lui *ces* paroles ailées :
« Ἕκτορ, ἐμὸν τέκνον,	« Hector, mon enfant,
αἴδεό τε τάδε,	et respecte ces-choses,
καὶ ἐλέησόν με αὐτήν.	et aie pris-en-pitié moi-même.
Εἴποτε ἐπέσχον τοι	Si jamais j'appliquai à toi
μαζὸν λαθικηδέα,	*ma* mamelle qui-endort-les-chagrins,
μνῆσαι τῶν,	souviens-toi de ces-choses,
φίλε τέκνον ·	cher enfant ;
ἐὼν δὲ ἐντὸς τείχεος,	et, étant au dedans du mur,
ἄμυνε ἄνδρα δήϊον,	combats *cet* homme ennemi,
μηδὲ ἵστασο	et ne te présente pas
πρόμος τούτῳ.	le premier-en-avant-à lui.
Σχέτλιος !	Le cruel !
Εἴπερ γὰρ κατακτάνῃ σε,	car si il aura tué toi,
οὐκ ἔγωγε κλαύσομαι ἔτι ἐν λεχέ-	moi, je ne pleurerai plus sur un lit
σὲ, φίλον θάλος, [εσσι	toi, cher rejeton ,
ὃν αὐτὴ τέκον,	que *moi*-même j'engendrai,
οὐδὲ ἄλοχος πολύδωρος ·	ni *ton* épouse chargée-de-présents ;
κύνες δὲ ταχέες κατέδονταί σε	et des chiens rapides dévoreront toi
μέγα ἄνευθε νῶϊν	grandement loin de nous-deux
παρὰ νηυσὶν Ἀργείων. »	près des vaisseaux des Argiens. »
Τώγε κλαίοντε	Ces-deux-ci pleurant
προσαυδήτην ὡς φίλον υἱὸν,	disaient ainsi à leur fils,
λισσομένω πολλά ·	*le* suppliant beaucoup ;
οὐδὲ ἔπειθον	et ils ne persuadaient pas
θυμὸν Ἕκτορι ·	le cœur à Hector ;
ἀλλὰ ὅγε μίμνεν	mais celui-ci attendait
Ἀχιλῆα πελώριον ἰόντα ἆσσον.	Achille prodigieux allant plus près.
Ὡς δὲ δράκων ὀρέστερος	Or comme un dragon des-montagnes
βεβρωκὼς φάρμακα κακά,	ayant mangé des poisons funestes,
μένῃσιν ἄνδρα ἐπὶ χειῇ ·	attend un homme dans un trou ;
χόλος δέ τε αἰνὸς ἔδυ μιν ·	et une colère terrible s'insinua-en lui;
δέδορκε δὲ σμερδαλέον,	et il a regardé *d'un œil* effrayant,
ἑλισσόμενος περὶ χειῇ ·	se roulant dans *son* trou :
ὡς Ἕκτωρ,	de même Hector,
ἔχων μένος ἄσβεστον	ayant une ardeur inextinguible,
οὐχ ὑπεχώρει,	ne se retirait pas,

πύργῳ ἔπι προὔχοντι φαεινὴν ἀσπίδ' ἐρείσας.
Ὀχθήσας δ' ἄρα εἶπε πρὸς ὃν μεγαλήτορα θυμόν[1]·

« Ὤ μοι ἐγὼν, εἰ μέν κε πύλας καὶ τείχεα δύω,
Πουλυδάμας μοι πρῶτος ἐλεγχείην ἀναθήσει,   100
ὅς μ' ἐκέλευε Τρωσὶ ποτὶ πτόλιν ἡγήσασθαι
νύχθ' ὕπο τήνδ' ὀλοὴν ὅτε τ' ὤρετο δῖος Ἀχιλλεύς.
Ἀλλ' ἐγὼ οὐ πιθόμην· ἦ τ' ἂν πολὺ κέρδιον ἦε·
νῦν δ' ἐπεὶ ὤλεσα λαὸν ἀτασθαλίῃσιν ἐμῇσιν,
αἰδέομαι Τρῶας καὶ Τρωάδας ἑλκεσιπέπλους,   105
μήποτέ τις εἴπῃσι κακώτερος ἄλλος ἐμεῖο·
Ἕκτωρ ἧφι βίῃφι πιθήσας ὤλεσε λαόν. —
Ὣς ἐρέουσιν· ἐμοὶ δὲ τότ' ἂν πολὺ κέρδιον εἴη
ἄντην ἢ Ἀχιλῆα κατακτείναντα νέεσθαι,
ἠέ κεν αὐτὸν ὀλέσθαι εὐκλειῶς πρὸ πόληος.   110
Εἰ δέ κεν ἀσπίδα μὲν καταθείομαι ὀμφαλόεσσαν,
καὶ κόρυθα βριαρὴν, δόρυ δὲ πρὸς τεῖχος ἐρείσας,
αὐτὸς ἰὼν Ἀχιλῆος ἀμύμονος ἀντίος ἔλθω,

appuyaut son bouclier étincelant aux saillies de la tour, se dit dans son grand cœur, qui s'indigne :

« Malheur à moi si je franchis les portes et rentre dans nos murs! Polydamas sera le premier à me condamner, lui qui m'engageait à conduire les Troyens dans la ville, cette nuit fatale où se leva le divin Achille. Je ne suivis pas ce conseil : c'était pourtant le meilleur. Mais maintenant que j'ai perdu l'armée par mon ardeur opiniâtre, je ne veux pas qu'en présence des Troyens et des Troyennes aux longs voiles, quelque lâche vienne dire un jour : « Hector, par sa présomption a perdu l'armée. »—Voilà ce qu'on dira. Je n'ai plus d'autre parti à prendre que de tuer Achille avant de me présenter dans la ville, ou de mourir glorieusement pour elle. Mais si je déposais là mon bouclier bombé, mon casque solide, et si, appuyant ma lance au mur, j'allais au devant du vaillant Achille pour lui proposer de rendre

ἐρείσας ἀσπίδα φαεινὴν	ayant appuyé *son* bouclier brillant
ἐπὶ πύργῳ προὔχοντι.	à une tour étant-en-saillie.
Ὀχθήσας δὲ ἄρα	Or donc s'étant indigné
εἶπε πρὸς ὃν θυμὸν μεγαλήτορα ·	il dit à son cœur magnanime :
« Ὤ μοι ἐγὼν ,	« Malheur à moi,
εἰ μέν κε δύω	si certes je serai entré
πύλας καὶ τείχεα ,	dans les portes et les murs,
Πουλυδάμας πρῶτος	Polydamas le premier
ἀναθήσει μοι ἐλεγχείην,	placera·sur moi reproche ,
ὃς ἐκέλευέ με	*lui* qui ordonnait moi
ἡγήσασθαι Τρωσὶ	avoir conduit les Troyens
ποτὶ πτόλιν	vers la ville
ὑπὸ τήνδε νύκτα ὀλοὴν,	sous cette nuit funeste,
ὅτε τε Ἀχιλλεὺς δῖος ὦρετο.	et lorsque Achille divin se leva
Ἀλλὰ ἐγὼ οὐ πιθόμην ·	Mais moi je n'ai pas obéi :
ἦ τε ἂν ἦε πολὺ κέρδιον ·	certes c'eût été beaucoup plus utile ;
νῦν δὲ ἐπεὶ	mais maintenant après que
ὤλεσα λαὸν	j'ai perdu le peuple
ἐμῇσιν ἀτασθαλίῃσιν,	par mon opiniâtreté,
αἰδέομαι Τρῶας	je crains les Troyens
καὶ Τρωάδας ἑλκεσιπέπλους ,	et les Troyennes aux-voiles-traînants,
μήποτέ τις ἄλλος	de peur qu'un jour quelque autre
κακώτερος ἐμεῖο	plus lâche que moi
εἴπῃσιν ·	n'ait dit :
« Ἕκτωρ πιθήσας ᾗφι βίηφι	« Hector s'étant confié à sa force
ὤλεσε λαόν. » —	a perdu le peuple. »—
Ἐρέουσιν ὥς ·	Ils parleront ainsi :
τότε ἂν εἴη	alors il serait
πολὺ κέρδιον ἐμοὶ	beaucoup plus utile à moi
ἢ νέεσθαι ἄντην	ou d'aller en-face
κατακτείναντα Ἀχιλῆα,	ayant tué Achille,
ἠέ κεν ὀλέσθαι αὐτὸν	ou d'avoir péri *moi*-même
εὐκλειῶς πρὸ πόληος.	glorieusement devant la ville.
Εἰ δέ κε καταθείομαι μὲν	Mais si je déposerai d'abord
ἀσπίδα ὀμφαλόεσσαν	*mon* bouclier convexe,
καὶ κόρυθα βριαρὴν,	et *mon* casque solide,
ἐρείσας δὲ δόρυ πρὸς τεῖχος,	puis ayant appuyé *ma* lance au mur.
ἔλθω αὐτὸς	*que* je sois venu *moi*-même
ἰὼν ἀντίος	allant au-devant
Ἀχιλῆος ἀμύμονος ,	d'Achille irréprochable ,

καί οἱ ὑπόσχωμαι Ἑλένην καὶ κτήμαθ' ἅμ' αὐτῇ,
πάντα μάλ' ὅσσα τ' Ἀλέξανδρος κοίλης ἐνὶ νηυσὶν   115
ἠγάγετο Τροίηνδ', ἥτ' ἔπλετο νείκεος ἀρχὴ,
δωσέμεν Ἀτρείδῃσιν ἄγειν, ἅμα δ' ἀμφὶς Ἀχαιοῖς
ἀλλ' ἀποδάσσασθαι ὅσσα πτόλις ἥδε κέκευθε·
Τρωσὶν δ' αὖ μετόπισθε γερούσιον ὅρκον ἕλωμαι,
μήτι καταχρύψειν, ἀλλ' ἄνδιχα πάντα δάσασθαι...   120
[κτῆσιν ὅσην πτολίεθρον ἐπήρατον ἐντὸς ἐέργει·]
ἀλλὰ τίη μοι ταῦτα φίλος διελέξατο θυμός;
μή μιν ἐγὼ μὲν ἵκωμαι ἰών· ὁ δέ μ' οὐκ ἐλεήσει,
οὐδέ τί μ' αἰδέσεται, κτενέει δέ με, γυμνὸν ἐόντα,
αὔτως, ὥστε γυναῖκα, ἐπεί κ' ἀπὸ τεύχεα δύω.   125
Οὐ μέν πως νῦν ἔστιν ἀπὸ δρυὸς οὐδ' ἀπὸ πέτρης [1]
τῷ ὀαριζέμεναι, ἅτε παρθένος ἠίθεός τε,
παρθένος ἠίθεός τ' ὀαρίζετον ἀλλήλοιϊν.

aux Atrides Hélène, la cause de la guerre, avec toutes les richesses
que Pâris transporta jadis à Troie sur des vaisseaux creux, et qu'en
même temps je lui promisse de distribuer aux Grecs tous les autres
trésors que renferme la ville, faisant jurer aux Troyens par le ser-
ment des anciens de ne rien cacher et de diviser le tout en deux
parts, quelques richesses que renferme notre aimable ville !... Mais
pourquoi ces pensées? Je ne veux point me présenter devant lui comme
un suppliant. Sans pitié et sans respect pour moi, il me tuerait,
sans défense, comme une femme, une fois que je me serais dépouillé
de mes armes. Mais ce n'est pas ici le moment de m'entretenir avec
lui, comme, au sortir d'un chêne ou d'un rocher, un jeune homme
et une jeune fille (jeune homme et jeune fille s'entretiennent vol n

καὶ ὑπόσχωμαί οἱ	et *que* j'aie promis à lui
δωσέμεν Ἀτρείδησιν	devoir donner aux Atrides
ἄγειν Ἑλένην	à emmener Hélène
καὶ κτήματα ἅμα αὐτῇ,	et les richesses avec elle,
πάντα τε μάλα ὅσσα	surtout toutes celles-que
Ἀλέξανδρος ἠγάγετο Τροίηνδε	Alexandre apporta à-Troie
ἐνὶ νηυσὶ κοίλης,	dans *ses* vaisseaux creux,
ἥτε ἔπλετο	laquelle *Hélène* était
ἀρχὴ νείκεος,	origine de la querelle,
ἅμα δὲ ἀποδάσσασθαι.	et en même temps d'avoir distribué
Ἀχαιοῖς ἀμφὶς	aux Achéens à l'entour
ἄλλα ὅσσα	les autres *richesses* que
ἥδε πτόλις κέκευθεν ·	cette ville a cachées;
ἕλωμαι δὲ αὖ μετόπισθεν Τρωσὶ	et *que* j'aie pris ensuite aux Troyens
ὅρκον γερούσιον	le serment des-vieillards
μήτι κατακρύψειν,	de ne rien devoir cacher,
ἀλλὰ δάσασθαι	mais d'avoir distribué
πάντα ἀνδιχα...	toutes-choses-en-deux-parts.....
⌈ὅσην κτῆσιν	quelque-grande richesse que
πτολίεθρον ἐπήρατον ἐέργει ἐντός·]	la ville agréable contienne dedans :
ἀλλὰ τίη φίλος θυμὸς	mais pourquoi mon cœur
διελέξατό μοι ταῦτα;	entretint-il moi de ces-choses?
Ἐγὼ μὲν ἰὼν	*Je crains* que moi allant
μὴ ἵκωμαί μιν·	je ne sois allé-suppliant lui ;
ὁ δὲ οὐκ ἐλεήσει με,	et lui n'aura pas pris-en-pitié moi,
οὐδὲ αἰδέσεταί μέ τι,	et il ne respectera moi en-rien,
κτενέει δέ με,	mais il tuera moi,
ἐόντα γυμνὸν,	étant nu (sans défense),
αὔτως ὥστε γυναῖκα,	de même que une femme,
ἐπεί κεν ἀποδύω	après que j'aurais dépouillé
τεύχεα.	*mes* armes.
Οὐ μὲν ἔστι	Il n'est pas *permis* certes
πως νῦν	en quelque sorte à présent
ὀαριζέμεναι τῷ	de m'entretenir avec lui
ἀπὸ δρυὸς	au-sortir-d'un chêne
οὐδὲ ἀπὸ πέτρης,	ou d'un rocher,
ἅτε παρθένος	comme une jeune-fille
ἠΐθεός τε,	et un jeune-homme :
παρθένος ἠΐθεός τε	jeune-fille et jeune-homme
ὀαρίζετον ἀλλήλοιιν.	s'entretiennent l'un-avec-l'autre.

Βέλτερον αὖτ᾽ ἔριδι ξυνελαυνέμεν· ὅττι τάχιστα
εἴδομεν ὁπποτέρῳ κεν Ὀλύμπιος εὖχος ὀρέξῃ. »   130

    Ὣς ὥρμαινε μένων· ὁ δέ οἱ σχεδὸν ἦλθεν Ἀχιλλεύς,
ἶσος Ἐνυαλίῳ, κορυθάϊκι πτολεμιστῇ,
σείων Πηλιάδα μελίην κατὰ δεξιὸν ὦμον
δεινήν· ἀμφὶ δὲ χαλκὸς ἐλάμπετο, εἴκελος αὐγῇ
ἢ πυρὸς αἰθομένου, ἢ ἠελίου ἀνιόντος.   135

Ἕκτορα δ᾽, ὡς ἐνόησεν, ἕλε τρόμος· οὐδ᾽ ἄρ᾽ ἔτ᾽ ἔτλη
αὖθι μένειν, ὀπίσω δὲ πύλας λίπε, βῆ δὲ φοβηθείς.
Πηλείδης δ᾽ ἐπόρουσε, ποσὶ κραιπνοῖσι πεποιθώς.
Ἠΰτε κίρκος ὄρεσφιν, ἐλαφρότατος πετεηνῶν [1],
ῥηϊδίως οἴμησε μετὰ τρήρωνα πέλειαν·   140
ἡ δέ θ᾽ ὕπαιθα φοβεῖται· ὁ δ᾽ ἐγγύθεν ὀξὺ λεληκὼς
ταρφέ᾽ ἐπαΐσσει, ἑλέειν τέ ἑ θυμὸς ἀνώγει·
ὣς ἄρ᾽ ὅγ᾽ ἐμμεμαὼς ἰθὺς πέτετο· τρέσε δ᾽ Ἕκτωρ
τεῖχος ὕπο Τρώων, λαιψηρὰ δὲ γούνατ᾽ ἐνώμα.
Οἱ δὲ παρὰ σκοπιὴν καὶ ἐρινεὸν ἠνεμόεντα [2]   145

tiers ensemble). Il vaut mieux que nous en venions aux mains ; sachons au plus vite auquel de nous deux le maître de l'Olympe donnera la victoire ! »

Il attendait dans ces pensées. Achille vint à lui , semblable à Mars, le guerrier au casque mouvant. Le fils de Pélée brandissait de la main droite sa terrible lance, et son armure d'airain brillait de l'éclat de la flamme ou du soleil levant. En l'apercevant, Hector fut saisi d'épouvante. Il n'osa plus l'attendre, et laissant derrière lui les portes de la ville, il s'enfuit effrayé. Mais le fils de Pélée, se fiant à la vitesse de ses pieds, s'élance à sa poursuite. Tel sur la montagne, l'autour, le plus agile des oiseaux, fond sur la colombe timide qui fuit obliquement, tandis que l'oiseau ravisseur perce l'air de ses cris et redouble d'efforts pour l'atteindre : tel volait Achille dans l'ardeur de la poursuite. Hector, saisi d'effroi, fuyait sous les murs de Troie, emporté par ses pieds rapides. Ils couraient, laissant derrière eux le guet et le

Βέλτερον αὖτε	Mais *il est* meilleur
ξυνελαυνέμεν ἔριδι·	de s'élancer-ensemble au combat;
εἴδομεν ὅττι τάχιστα	voyons le plus tôt *possible*
ὁπποτέρῳ Ὀλύμπιος	auquel-des-deux *Jupiter* Olympien
κὲν ὀρέξῃ εὖχος. »	aurait procuré de la gloire. »
Ὥρμαινεν ὣς μένων·	Il méditait ainsi attendant :
ὁ δὲ Ἀχιλλεὺς ἦλθε σχεδόν οἱ,	mais Achille vint près à lui,
ἴσος Ἐνυαλίῳ,	semblable à Enyalius (Mars),
πτολεμιστῇ κορυθάϊκι,	guerrier agitant-*son*-casque,
σείων μελίην	en brandissant *la-lance*-de-frêne
Πηλιάδα δεινήν,	de-Pélée, terrible,
κατὰ ὦμον δεξιόν·	sur *son* épaule droite;
χαλκὸς δὲ ἐλάμπετο ἀμφὶ	et l'airain brillait autour,
εἴκελος αὐγῇ	semblable à l'éclat
ἢ πυρὸς αἰθομένου,	ou du feu brûlant,
ἢ ἠελίου ἀνιόντος.	ou du soleil levant.
Τρόμος δὲ ἕλεν Ἕκτορα,	Or le tremblement saisit Hector,
ὡς ἐνόησεν·	lorsque il *l'*aperçut;
οὐδὲ ἄρα ἔτι ἔτλη μένειν αὖθι,	et certes il n'osa plus l'attendre là,
λίπε δὲ πύλας ὀπίσω,	et il laissa les portes derrière,
βῆ δὲ φοβηθείς.	et s'en alla ayant été effrayé.
Πηλείδης δὲ ἐπόρουσε,	Mais le fils-de-Pélée s'élança,
πεποιθὼς ποσὶ κραιπνοῖσιν.	s'étant confié à *ses* pieds rapides.
Ἠΰτε ὄρεσφι κίρκος,	Comme sur les montagnes un autour,
ἐλαφρότατος πετεηνῶν,	le plus léger des oiseaux,
οἴμησε ῥηϊδίως	a fondu facilement
μετὰ πέλειαν τρήρωνα·	sur une colombe timide;
ἢ δέ τε φοβεῖται ὕπαιθα·	et celle-ci fuit-effrayée obliquement;
ὁ δὲ λεληκὼς ἐγγύθεν	mais lui, ayant crié de près
ὀξὺ	d'une-manière-aiguë
ἐπαΐσσει ταρφέα,	s'élance *par-bonds*-pressés,
θυμός τε ἀνώγει ἑ ἑλέειν·	et le cœur invite lui à *l'*avoir prise;
ὣς ἄρα ὅγε ἐμμεμαὼς	ainsi certes celui-ci plein-d'ardeur
πέτετο ἰθύς·	volait droit;
Ἕκτωρ δὲ τρέσεν	et Hector trembla
ὑπὸ τεῖχος Τρώων,	sous le mur des Troyens,
ἐνώμα δὲ γούνατα λαιψηρά.	et faisait-mouvoir *ses* genoux rapides.
Οἱ δὲ ἐσσεύοντο	Ceux-ci se précipitaient
παρὰ σκοπιὴν	au delà du guet
καὶ ἐρινεὸν ἠνεμόεντα	et du figuier exposé-au-vent

τείχεος αἰὲν ὑπὲκ κατ' ἀμαξιτὸν ἐσσεύοντο·
κρουνὼ δ' ἵκανον καλλιρρόω, ἔνθα δὲ πηγαὶ
δοιαὶ ἀναΐσσουσι Σκαμάνδρου δινήεντος.
Ἡ μὲν γάρ θ' ὕδατι λιαρῷ ῥέει, ἀμφὶ δὲ καπνὸς
γίγνεται ἐξ αὐτῆς, ὡσεὶ πυρὸς αἰθομένοιο·   150
ἡ δ' ἑτέρη θέρεϊ προρέει εἰκυῖα χαλάζῃ,
ἢ χιόνι ψυχρῇ, ἢ ἐξ ὕδατος κρυστάλλῳ.
Ἔνθα δ' ἐπ' αὐτάων πλυνοὶ εὐρέες ἐγγὺς ἔασι,
καλοὶ, λαΐνεοι, ὅθι εἵματα σιγαλόεντα
πλύνεσκον Τρώων ἄλοχοι καλαί τε θύγατρες,   155
τοπρὶν ἐπ' εἰρήνης, πρὶν ἐλθεῖν υἷας Ἀχαιῶν.
Τῇ ῥα παραδραμέτην, φεύγων, ὁ δ' ὄπισθε διώκων.
Πρόσθε μὲν ἐσθλὸς ἔφευγε, δίωκε δέ μιν μέγ' ἀμείνων
καρπαλίμως· ἐπεὶ οὐχ ἱερήϊον, οὐδὲ βοείην
ἀρνύστην, ἅ τε ποσσὶν ἀέθλια γίγνεται ἀνδρῶν,   160
ἀλλὰ περὶ ψυχῆς θέον Ἕκτορος ἱπποδάμοιο.
Ὡς δ' ὅτ' ἀεθλοφόροι περὶ τέρματα μώνυχες ἵπποι
ῥίμφα μάλα τρωχῶσι· τὸ δὲ μέγα κεῖται ἄεθλον,

figuier battu des vents par le chemin qui s'avance jusque sous les remparts. Ils arrivent aux magnifiques bassins, d'où jaillissent les deux
sources du Scamandre au cours précipité : l'une roule une onde tiède
d'où s'élève de la fumée comme d'un foyer allumé ; et l'autre coule
même en été, froide comme la grêle, la neige et la glace. Il s'y trouve
de larges et magnifiques lavoirs de pierre, où les femmes et les filles
des Troyens venaient laver leurs riches habits pendant la paix, avant
la venue des fils des Grecs. C'est par ce chemin qu'ils couraient, l'un
fuyant la poursuite de l'autre. C'est que si l'un était vaillant, l'autre
était plus brave encore ; et ce n'était pas une victime ou une peau de
bœuf, prix ordinaire de la course, qu'ils se disputaient alors, mais il
s'agissait de la vie d'Hector, dompteur de coursiers. Tels des chevaux
au dur sabot précipitent leur course en tournant la borne pour gagner

αἰὲν ὑπὲκ τείχεος	jusque sous le mur
κατὰ ἀμαξιτόν ·	sur le chemin-aux-chars ;
ἵκανον δὲ κρουνὼ	et ils vinrent aux deux-bassins
καλλιρρόω ,	aux belles-ondes,
ἔνθα δὲ ἀναΐσσουσι δοιαὶ πηγαὶ	et là jaillissent les deux sources
Σκαμάνδρου δινήεντος.	du Scamandre tournoyant.
Ἡ μὲν γὰρ ῥέει τε ὕδατι λιαρῷ,	Car l'une coule par une onde tiède,
καπνὸς δὲ ἀμφὶ γίγνεται ἐξ αὐτῆς,	et une fumée autour naît d'elle,
ὡσεὶ πυρὸς αἰθομένοιο ·	comme d'un feu allumé ;
ἡ δὲ ἑτέρη προρέει θέρεῖ	et l'autre coule en été
εἰκυῖα χαλάζῃ,	étant semblable à la grêle ,
ἢ χιόνι ψυχρῇ,	ou à la neige froide,
ἢ κρυστάλλῳ ἐξ ὕδατος.	ou à la glace *provenue* de l'eau.
Ἔνθα δὲ ἐγγὺς ἐπὶ αὐτάων	Or là auprès sur elles
ἔασιν πλυνοὶ εὐρέες,	sont des lavoirs larges,
καλοὶ, λαΐνεοι,	beaux, de-pierre,
ὅθι ἄλοχοι Τρώων	où les épouses des Troyens
θύγατρές τε καλαὶ	et *leurs* filles belles
πλύνεσκον εἵματα σιγαλόεντα	lavaient les vêtements brillants
τοπρὶν ἐπὶ εἰρήνης ,	auparavant pendant la paix,
πρὶν υἷας Ἀχαιῶν ἐλθεῖν.	avant les fils des Achéens être venus.
Τῇ ῥα παραδραμέτην,	Par là certes ils coururent,
φεύγων,	*l'un*, fuyant,
ὁ δὲ διώκων ὄπισθεν.	l'autre, poursuivant par-derrière.
Ἐσθλὸς μὲν ἔφευγε πρόσθεν,	Un vaillant à la vérité fuyait devant,
ἀμείνων δὲ μέγα	mais un plus vaillant de beaucoup
δίωκέ μιν καρπαλίμως ·	poursuivait lui rapidement ;
ἐπεὶ οὐκ ἀρνύστην ἱερήϊον	car ils n'aspiraient pas à une victime
οὐδὲ βοείην,	ni à une peau-de-bœuf,
ἅ τε γίγνεται	lesquelles-choses deviennent
ἀέθλια	les prix *de la course*
ποσσὶν ἀνδρῶν,	pour les pieds des hommes ;
ἀλλὰ θέον περὶ ψυχῆς	mais ils couraient pour la vie
Ἕκτορος ἱπποδάμοιο	d'Hector dompteur-de-chevaux.
Ὡς δὲ ὅτε	Or comme lorsque
ἵπποι μώνυχες	des chevaux au-dur-sabot
ἀεθλοφόροι	remportant-le-prix
τρωχῶσι μάλα ῥίμφα	courent très précipitamment
περὶ τέρματα ·	vers les bornes ;
τὸ δὲ ἄεθλον μέγα κεῖται,	or le prix grand est-là.

ἢ τρίπος ἠὲ γυνὴ, ἀνδρὸς κατατεθνηῶτος·
ὣς τὼ τρὶς Πριάμοιο πόλιν περιδινηθήτην   165
καρπαλίμοισι πόδεσσι· θεοὶ δέ τε πάντες ὁρῶντο.
Τοῖσι δὲ μύθων ἦρχε πατὴρ ἀνδρῶν τε θεῶν τε·
« Ὤ πόποι, ἦ φίλον ἄνδρα διωκόμενον περὶ τεῖχος
ὀφθαλμοῖσιν ὁρῶμαι· ἐμὸν δ᾽ ὀλοφύρεται ἦτορ
Ἕκτορος, ὅς μοι πολλὰ βοῶν ἐπὶ μηρί᾽ ἔκηεν,   170
Ἴδης ἐν κορυφῇσι πολυπτύχου, ἄλλοτε δ᾽ αὖτε
ἐν πόλει ἀκροτάτῃ· νῦν αὖτέ ἑ δῖος Ἀχιλλεὺς
ἄστυ πέρ. Πριάμοιο ποσὶν ταχέεσσι διώκει.
Ἀλλ᾽ ἄγετε, φράζεσθε, θεοί, καὶ μητιάασθε,
ἠέ μιν ἐκ θανάτοιο σαώσομεν, ἠέ μιν ἤδη   175
Πηλείδῃ Ἀχιλῆϊ δαμάσσομεν, ἐσθλὸν ἐόντα. »
Τὸν δ᾽ αὖτε προσέειπε θεὰ γλαυκῶπις Ἀθήνη·
« Ὤ πάτερ, ἀργικέραυνε, κελαινεφές, οἶον ἔειπες;
ἄνδρα θνητὸν ἐόντα, πάλαι πεπρωμένον αἴσῃ,
ἂψ ἐθέλεις θανάτοιο δυσηχέος ἐξαναλῦσαι;   180
Ἔρδ᾽· ἀτὰρ οὔ τοι πάντες ἐπαινέομεν θεοὶ ἄλλοι.»

le prix, un trépied ou une femme dont l'offrande honore les funérailles : tels ils coururent tous les deux trois fois autour de la ville de Priam, emportés par leurs pieds rapides. Tous les dieux les regardaient ; alors le père des dieux et des hommes s'écria :

« Dieux ! c'est un homme qui m'est cher que je vois poursuivre autour des murailles. Mon cœur se trouble à la vue du danger d'Hector, qui me sacrifia tant de cuisses de taureaux sur les sommets de l'Ida aux nombreux vallons, et dans la haute citadelle d'Ilion. Maintenant, voici que le divin Achille aux pieds rapides le poursuit autour de la ville de Priam. Mais vous autres, dieux, délibérez et décidez si nous le sauverons de la mort, ou si nous le ferons tomber sous les coups d'Achille, fils de Pélée, malgré sa valeur. »

Minerve, la déesse aux yeux bleus, lui répondit : « O mon père, dieu de la foudre rapide et des sombres nuages, que dis-tu ? Un mortel dont le destin est depuis si longtemps fixé, tu veux le dérober au lugubre trépas ! Soit : mais les autres dieux et moi, nous n'y applaudirons point. »

ἢ τρίπος ἠὲ γυνὴ	ou un trépied ou une femme,
ἀνδρὸς κατατεθνηῶτος ·	en l'honneur d'un homme mort :
ὣς τὼ	ainsi eux-deux
τρὶς περιδινηθήτην πόλιν	trois-fois tournèrent-autour de la ville
πόδεσσι καρπαλίμοισι ·	de leurs pieds rapides ;
πάντες δέ τε θεοὶ ὁρῶντο.	et tous les dieux regardaient.
Πατὴρ δὲ ἀνδρῶν τε θεῶν τε	Or le père des hommes et des dieux
ἦρχε τοῖσι μύθων ·	commença à eux ces discours :
« Ὦ πόποι,	« O dieux,
ἦ ὁρῶμαι ὀφθαλμοῖσιν	certes je vois de mes yeux
ἄνδρα φίλον	un homme ami
διωκόμενον περὶ τεῖχος ·	poursuivi autour de la muraille ;
ἐμὸν δὲ ἦτορ ὀλοφύρεται Ἕκτορος,	et mon cœur plaint Hector,
ὅς ἐπέκηέ μοι	qui brûla à moi
μηρία πολλὰ βοῶν,	des cuisses nombreuses de bœufs,
ἐν κορυφῇσιν Ἴδης	sur les sommets de l'Ida
πολυπτύχου,	aux-nombreux-vallons,
ἄλλοτε δὲ αὖτε	et d'autres-fois aussi
ἐν πόλει ἀκροτάτῃ ·	dans la ville au-plus-haut ;
νῦν αὖτε Ἀχιλλεὺς δῖος	mais maintenant Achille divin
διώκει ἑ ποσὶ ταχέεσσι	poursuit lui de ses pieds rapides
περὶ ἄστυ Πριάμοιο.	autour de la ville de Priam.
Ἀλλὰ ἄγετε, θεοί,	Mais allez, dieux,
φράζεσθε καὶ μητιάασθε	songez et méditez
ἠὲ σαώσομέν μιν ἐκ θανάτοιο,	si nous sauverons lui de la mort,
ἠὲ δαμάσσομεν ἤδη	ou si nous dompterons déjà
μιν ἐόντα ἐσθλὸν	lui étant vaillant
Ἀχιλῆϊ Πηλείδῃ. »	par Achille, fils-de-Pélée. »
Ἀθήνη δὲ, θεὰ γλαυκῶπις,	Or Minerve, déesse aux-yeux-bleus,
προσέειπεν αὖτε τόν ·	dit en-retour à lui :
« Ὦ πάτερ, ἀργικέραυνε,	« O père, à-la-foudre-rapide
κελαινεφὲς,	aux-sombres-nuages,
οἷον ἔειπες ;	quelle-chose as-tu dite?
Ἐθέλεις ἐξαναλῦσαι ἂψ	Veux-tu avoir dégagé encore
θανάτοιο δυσηχέος	de la mort au-son-terrible
ἄνδρα ἐόντα θνητὸν,	un homme étant mortel,
πεπρωμένον πάλαι αἴσῃ ;	destiné dès-longtemps à son sort?
Ἔρδε ·	Fais ainsi :
ἀτὰρ πάντες ἄλλοι θεοὶ	mais tous les autres dieux
οὐκ ἐπαινέομέν τοι. »	nous n'approuverons pas toi. »

Τὴν δ' ἀπαμειβόμενος προσέφη νεφεληγερέτα Ζεύς·

« Θάρσει, Τριτογένεια [1], φίλον τέκος· οὔ νύ τι θυμῷ

πρόφρονι μυθέομαι· ἐθέλω δέ τοι ἤπιος εἶναι·

ἔρξον ὅπη δή τοι νόος ἔπλετο, μηδέ τ' ἐρώει. »　　　　　　185

Ὣς εἰπών, ὤτρυνε πάρος μεμαυῖαν Ἀθήνην·

βῆ δὲ κατ' Οὐλύμποιο καρήνων ἀΐξασα.

Ἕκτορα δ' ἀσπερχὲς κλονέων ἔφεπ' ὠκὺς Ἀχιλλεύς.

Ὡς δ' ὅτε νεβρὸν ὄρεσφι κύων ἐλάφοιο δίηται,

ὄρσας ἐξ εὐνῆς, διά τ' ἄγκεα καὶ διὰ βήσσας·　　　　　190

τὸν δ' εἴπερ τε λάθῃσι καταπτήξας ὑπὸ θάμνῳ,

ἀλλά τ' ἀνιχνεύων θέει ἔμπεδον, ὄφρα κεν εὕρῃ·

ὣς Ἕκτωρ οὐ λῆθε ποδώκεα Πηλείωνα.

Ὁσσάκι δ' ὁρμήσειε πυλάων Δαρδανιάων

ἀντίον ἀΐξασθαι, ἐϋδμήτους ὑπὸ πύργους,　　　　　195

εἴ πώς οἱ καθύπερθεν ἀλάλκοιεν βελέεσσι·

τοσσάκι μιν προπάροιθεν ἀποστρέψασκε παραφθὰς

Jupiter qui assemble les nuages, lui répondit : « Sois tranquille, Tritogénie, ma chère fille ; je ne parle pas sérieusement. Je veux être bon pour toi : fais comme tu voudras, sans hésiter. »

Encouragée par ces mots, qui répondent à ses désirs, Minerve s'élance du haut des sommets de l'Olympe.

Cependant Achille aux pieds légers poursuivait Hector sans relâche. Tel le faon d'une biche que le chien relance dans son gîte sur la montagne, et poursuit à travers les vallées et les bois jusque sous le buisson où il se tapit, sans en perdre la piste, jusqu'à ce qu'il l'ait atteint : tel Hector ; il ne saurait échapper à l'œil de l'agile fils de Pélée. Chaque fois qu'il s'élance pour gagner les portes de la ville de Dardanus, et s'appuyer aux superbes tours dont les traits peuvent couvrir sa retraite ;

Ζεὺς δὲ	Mais Jupiter
νεφεληγερέτα	qui-assemble-les nuages
ἀπαμειβόμενος προσέφη τήν ·	répondant dit-à elle ·
« Θάρσει, Τριτογένεια,	« Sois rassurée, Tritogénie,
φίλον τέχος ·	chère enfant ;
οὐ μυθέομαί νύ τι	je ne parle du tout en-rien
θυμῷ πρόφρονι ·	d'un cœur décidé ;
ἐθέλω δὲ εἶναι ἤπιός τοι ·	mais je veux être doux pour toi :
ἔρξον ὅπη δὴ	aie fait comme certes
νόος ἔπλετό σοι,	l'intention était à toi,
μηδὲ ἐρώει τι. »	et ne cesse en-rien. »
Εἰπὼν ὥς,	Ayant dit ainsi,
ὤτρυνε Ἀθήνην	il excita Minerve
μεμαυῖαν πάρος ·	ayant désiré auparavant ;
βῆ δὲ ἀίξασα	et elle alla s'étant élancée
κατὰ καρήνων Οὐλύμποιο.	en bas des sommets de l'Olympe.
Ἀχιλλεὺς δὲ ὠκὺς ἔφεπε	Or Achille rapide suivait
κλονέων Ἕκτορα ἀσπερχές.	troublant Hector sans-relâche.
Ὡς δὲ ὅτε κύων	Et comme lorsque un chien
δίηται ὄρεσφι	poursuit par-les-monts
νεβρὸν ἐλάφοιο,	le faon d'une biche,
ὅρσας ἐξ εὐνῆς,	l'ayant fait-lever de *son* gîte,
διά τε ἄγκεα	et à travers les vallées
καὶ διὰ βήσσας·	et à travers les halliers ;
εἴπερ δέ τε καταπτήξας	et quand même ayant été effrayé
λάθῃσιν ὑπὸ θάμνῳ,	*le faon* s'est caché sous un fourré,
ἀλλά τε θέει ἔμπεδον	cependant il court constamment
ἀνιχνεύων,	cherchant-la-piste,
ὄφρα κεν εὕρῃ τόν ·	jusqu'à ce que il ait pu-trouver lui ;
ὣς Ἕκτωρ οὐ λῆθε	ainsi Hector ne fut pas caché
Πηλείωνα ποδώκεα.	au fils-de-Pélée aux-pieds-rapides.
Ὁσσάκι δὲ ὁρμήσειεν	Or chaque-fois que il s'était élancé
ἀίξασθαι	pour s'être précipité
ἀντίον πυλάων	contre les portes
Δαρδανιάων,	des-enfants-de-Dardanus,
ὑπὸ πύργους ἐϋδμήτους,	sous les tours bien-bâties,
εἴ πως καθύπερθεν	si par hasard d'en-haut
ἀλάλκοιέν οἱ βελέεσσι ·	ils auraient secouru lui par des traits;
τοσσάκις ἀποστρέψασκέ μιν	autant-de-fois il détournait lui
πρὸς πεδίον	vers la plaine,

πρὸς πεδίον· αὐτὸς δὲ ποτὶ πτόλιος πέτετ' αἰεί.
Ὣς δ' ἐν ὀνείρῳ οὐ δύναται φεύγοντα διώκειν,
οὔτ' ἄρ' ὁ τὸν δύναται ὑποφεύγειν, οὐθ' ὁ διώκειν·   200
ὣς ὁ τὸν οὐ δύνατο μάρψαι ποσὶν, οὐδ' ὃς ἀλύξαι.
Πῶς δέ κεν Ἕκτωρ Κῆρας ὑπεξέφυγεν θανάτοιο,
εἰ μή οἱ πύματόν τε καὶ ὕστατον ἤντετ' Ἀπόλλων
ἐγγύθεν, ὅς οἱ ἐπῶρσε μένος λαιψηρά τε γοῦνα;

    Λαοῖσιν δ' ἀνένευε καρήατι δῖος Ἀχιλλεύς,   205
οὐδ' ἔα ἱέμεναι ἐπὶ Ἕκτορι πικρὰ βέλεμνα,
μήτις κῦδος ἄροιτο βαλὼν, ὁ δὲ δεύτερος ἔλθοι.
Ἀλλ' ὅτε δὴ τὸ τέταρτον ἐπὶ κρουνοὺς ἀφίκοντο,
καὶ τότε δὴ χρύσεια [1] πατὴρ ἐτίταινε τάλαντα·
ἐν δ' ἐτίθει δύο κῆρε τανηλεγέος θανάτοιο,   210
τὴν μὲν Ἀχιλλῆος, τὴν δ' Ἕκτορος ἱπποδάμοιο.
Ἕλκε δὲ μέσσα λαβών· ῥέπε δ' Ἕκτορος αἴσιμον ἦμαρ,

toujours il le devance et l'oblige à regagner la plaine. Mais il se dirige toujours vers la ville. De même que dans un songe on ne peut pas poursuivre celui qu'on voit fuir, ni fuir quand on est poursuivi, de même ils ne pouvaient ni se joindre ni s'éviter. Mais comment Hector se fût-il alors dérobé aux Parques de la mort sans Apollon qui vint, par une protection dernière et suprême, lui communiquer une ardeur et une vitesse nouvelles?

Le divin Achille fit signe de la tête à ses guerriers, pour leur défendre de lancer contre Hector leurs traits meurtriers; il craignait de se voir ravir cet honneur par un autre, et de n'arriver que le second. Or, lorsqu'ils parvinrent pour la quatrième fois aux sources, le père des hommes prit ses balances d'or et y pesa deux destinées, qui marquaient l'heure de la mort au long repos, l'une d'Achille et l'autre d'Hector dompteur de coursiers. Il les suspendit par le milieu, et l'heure fatale d'Hector pencha et se dirigea vers les enfers. Alors

παραφθὰς προπάροιθεν·	l'ayant devancé en avant;
αὐτὸς δὲ πέτετο αἰεὶ ποτὶ πτόλιος.	et lui, volait toujours vers la ville.
Ὡς δὲ ἐν ὀνείρῳ	Or comme dans un songe
οὐ δύναται διώκειν	on ne peut pas poursuivre
φεύγοντα,	quelqu'un fuyant,
οὔτε ἄρα ὁ δύναται	ni certes celui-ci ne peut pas
ὑποφεύγειν τὸν,	se dérober à celui poursuivant,
οὔτε ὁ διώκειν·	ni celui-ci le poursuivre :
ὡς ὁ οὐ δύνατο	ainsi l'un ne pouvait pas
μάρψαι τὸν ποσὶν,	avoir atteint l'autre de ses pieds,
οὐδὲ ὃς ἀλύξαι.	ni celui-ci l'avoir évité.
Πῶς δὲ Ἕκτωρ κεν ὑπεξέφυγε	Mais comment Hector eût-il échappé
Κῆρας θανάτοιο,	aux Parques de la mort,
εἰ Ἀπόλλων μὴ ἤντετο	si Apollon n'était venu-à-la-rencontre
οἱ ἐγγύθεν	à lui de près
πύματόν τε καὶ ὕστατον,	en extrême et dernier lieu,
ὃς ἐπῶρσέν οἱ μένος	lequel anima à lui le courage
γοῦνά τε λαιψηρά;	et les genoux rapides ?
Ἀχιλλεὺς δὲ δῖος	Mais Achille divin
ἀνένευε	faisait-un-signe-négatif
καρήατι λαοῖσιν,	de la tête aux peuples,
οὐδὲ ἔα ἱέμεναι	et ne permettait pas d'envoyer
βέλεμνα πικρὰ ἐπὶ Ἕκτορι,	des traits amers à Hector,
μήτις βαλὼν	de peur que ayant jeté un trait
ἄροιτο κῦδος,	on ne lui enlevât cette gloire,
ὁ δὲ ἔλθοι δεύτερος.	et que lui ne vînt que le second.
Ἀλλὰ ὅτε δὴ	Mais lorsque certes
ἀφίκοντο ἐπὶ κρουνοὺς	ils arrivèrent aux sources
τὸ τέταρτον,	pour-la-quatrième-fois,
καὶ τότε δὴ πατὴρ	et alors certes le père des dieux
ἐτίταινε τάλαντα χρύσεια·	étendait les balances d'or ;
ἐτίθει δὲ ἐν δύο κῆρε	et il plaçait dedans deux sorts
θανάτοιο τανηλεγέος,	de la mort qui-étend-tout-du-long,
τὴν μὲν Ἀχιλλῆος,	l'un d'Achille,
τὴν δὲ Ἕκτορος	et l'autre d'Hector
ἱπποδάμοιο.	dompteur-de-coursiers.
Ἕλκε δὲ μέσσα	Il leva ces balances par le milieu,
λαβών·	les ayant prises ;
ἦμαρ δὲ αἴσιμον Ἕκτορος	or le jour fatal d'Hector
ῥέπεν,	pencha,

ᾤχετο δ' εἰς Ἀίδαο · λίπεν δέ ἑ Φοῖβος Ἀπόλλων.
Πηλείωνα δ' ἵκανε θεὰ γλαυκῶπις Ἀθήνη ·
ἀγχοῦ δ' ἱσταμένη ἔπεα πτερόεντα προσηύδα ·   215
« Νῦν δὴ νῶί γ' ἔολπα, Διῒ φίλε, φαίδιμ' Ἀχιλλεῦ
οἴσεσθαι μέγα κῦδος Ἀχαιοῖσι, προτὶ νῆας,
Ἕκτορα δηώσαντε, μάχης ἄτόν περ ἐόντα.
Οὐ οἱ νῦν ἔτι γ' ἔστι πεφυγμένον ἄμμε γενέσθαι,
οὐδ' εἴ κεν μάλα πολλὰ πάθοι ἑκάεργος Ἀπόλλων,   220
προπροκυλινδόμενος πατρὸς Διὸς αἰγιόχοιο.
Ἀλλὰ σὺ μὲν νῦν στῆθι καὶ ἄμπνυε · τόνδε δ' ἐγώ τοι
οἰχομένη πεπιθήσω ἐναντίβιον μαχέσασθαι. »
   Ὣς φάτ' Ἀθηναίη · ὁ δ' ἐπείθετο, χαῖρε δὲ θυμῷ ·
στῆ δ' ἄρ' ἐπὶ μελίης χαλκογλώχινος ἐρεισθείς.   225
Ἡ δ' ἄρα τὸν μὲν ἔλειπε, κιχήσατο δ' Ἕκτορα δῖον,
Δηϊφόβῳ εἰκυῖα δέμας καὶ ἀτειρέα φωνήν ·
ἀγχοῦ δ' ἱσταμένη ἔπεα πτερόεντα προσηύδα ·
   « Ἠθεῖ', ἦ μάλα δή σε βιάζεται ὠκὺς Ἀχιλλεύς,

Phébus Apollon l'abandonna. Minerve, la déesse aux yeux bleus, vint trouver le fils de Pélée, et, s'approchant, elle lui dit ces paroles, qui volent rapides :

« Maintenant j'espère bien qu'à nous deux, glorieux Achille, ami de Jupiter, nous pourrons rapporter un grand butin de gloire aux Grecs, près de leurs vaisseaux, après avoir immolé Hector, malgré sa valeur dans les combats. Il ne peut plus nous échapper, quoi que fasse Apollon qui lance au loin les traits; dût-il se rouler aux pieds du puissant Jupiter, armé de l'Égide. Maintenant tu peux t'arrêter et reprendre haleine. Je vais me rendre auprès de lui pour l'engager à te combattre en face. »

A la voix de Minerve, Achille obéit, le cœur plein de joie. Il attend, appuyé sur sa lance de frêne à la pointe de fer. La déesse le quitte et va trouver le divin Hector, prenant la figure et la voix mâle de Déiphobe. Elle s'approche, et lui dit ces paroles, qui volent rapides :

« Mon frère, Achille aux pieds légers te harcèle et te poursuit au-

ᾤχετο δὲ εἰς Ἀΐδαο.   et alla vers *la demeure* de Pluton ;
Φοῖβος δὲ Ἀπόλλων λίπεν ἑ.   et Phébus Apollon abandonna lui.
Ἀθήνη δὲ θεὰ γλαυκῶπις   Or Minerve, déesse aux-yeux-bleus,
ἵκανε Πηλείωνα·   vint-vers le fils-de-Pélée ;
ἱσταμένη δὲ ἀγχοῦ   et se tenant près,
προσηύδα ἔπεα πτερόεντα·   elle *lui* dit des paroles ailées :
« Νῦν δὴ   « Maintenant certes,
ἔολπα νῶί γε,   j'ai espéré nous-deux du moins,
φίλε Διΐ, Ἀχιλλεῦ φαίδιμε,   ami de Jupiter, Achille brillant,
οἴσεσθαι κῦδος μέγα   devoir porter une gloire grande
Ἀχαιοῖσι προτὶ νῆας,   aux Achéens vers les vaisseaux,
δηώσαντε Ἕκτορα,   ayant tué Hector,
ἐόντα περ ἄτον μάχης.   quoique étant insatiable de combat.
Νῦν γε   Maintenant certes
οὐκ ἔστιν ἔτι οἱ   il n'est plus *permis* à lui
γενέσθαι πεφυγμένον ἄμμε,   d'être devenu ayant échappé à nous,
οὐδὲ εἰ Ἀπόλλων   pas même si Apollon
Ἑκάεργος   qui-lance-au-loin-*les-traits*
πάθοι κε μάλα πολλὰ,   eût souffert de très nombreuses-cho-
προπροκυλινδόμενος   se roulant-aux-pieds   [ses,
Διὸς πατρὸς αἰγιόχοιο.   de Jupiter père qui-tient-l'égide.
Ἀλλὰ σὺ μὲν νῦν   Mais toi à la vérité à présent
στῆθι καὶ ἄμπνυε·   tiens-toi-debout et respire ;
ἐγὼ δὲ οἰχομένη   et moi allant
πεπιθήσω τόνδε   j'aurai persuadé à celui-ci
μαχέσασθαι ἐναντίβιόν τοι. »   d'avoir combattu contre toi. »
Ἀθηναίη φάτο ὧς·   Minerve dit ainsi ;
ὁ δὲ ἐπείθετο,   et lui, obéissait,
χαῖρε δὲ θυμῷ·   et se réjouissait dans *son* cœur ;
στῆ δὲ ἄρα ἐρεισθεὶς   et il se tint donc s'étant appuyé
ἐπὶ μελίης   sur *la-lance*-de-frêne
χαλκογλώχινος.   à-la-pointe-d'airain.
Ἡ δὲ ἄρα ἔλειπε μὲν τὸν,   Celle-ci certes et laissa lui,
κιχήσατο δὲ Ἕκτορα δῖον,   et atteignit Hector divin,
εἰκυῖα Δηϊφόβῳ   pareille à Déïphobe
δέμας καὶ φωνὴν ἀτειρέα·   par le corps et la voix infatigable ;
ἱσταμένη δὲ ἀγχοῦ   et se tenant près
προσηύδα ἔπεα πτερόεντα   elle *lui* dit *ces* paroles ailées :
« Ἦ δὴ Ἀχιλλεὺς ὠκὺς   « Oui certes Achille rapide
βιάζεται μάλα σε, ἠθεῖε,   force beaucoup toi, *mon* frère,

ἄστυ πέρι Πριάμοιο ποσὶν ταχέεσσι διώκων·   230
ἀλλ' ἄγε δὴ στέωμεν, καὶ ἀλεξώμεσθα μένοντες. »

 Τὴν δ' αὖτε προσέειπε μέγας κορυθαίολος Ἕκτωρ·
« Δηίφοβ', ἦ μέν μοι τοπάρος πολὺ φίλτατος ἦσθα
γνωτῶν, οὓς Ἑκάβη ἠδὲ Πρίαμος τέκε παῖδας·
νῦν δ' ἔτι καὶ μᾶλλον νοέω φρεσὶ τιμήσασθαι,   235
ὃς ἔτλης ἐμεῦ εἵνεχ', ἐπεὶ ἴδες ὀφθαλμοῖσι,
τείχεος ἐξελθεῖν, ἄλλοι δ' ἔντοσθε μένουσι. »

 Τὸν δ' αὖτε προσέειπε θεὰ γλαυκῶπις Ἀθήνη·
« Ἠθεῖ', ἦ μὲν πολλὰ πατὴρ καὶ πότνια μήτηρ
λίσσονθ', ἐξείης γουνούμενοι, ἀμφὶ δ' ἑταῖροι,   240
αὖθι μένειν· (τοῖον γὰρ ὑποτρομέουσιν ἅπαντες!)
ἀλλ' ἐμὸς ἔνδοθι θυμὸς ἐτείρετο πένθεϊ λυγρῷ.
Νῦν δ' ἰθὺς μεμαῶτε μαχώμεθα, μηδέ τι δούρων
ἔστω φειδωλή, ἵνα εἴδομεν εἴ κεν Ἀχιλλεὺς,
νῶϊ κατακτείνας, ἔναρα βροτόεντα φέρηται   245
νῆς ἔπι γλαφυράς, ἦ κεν σῷ δουρὶ δαμήῃ. »

tour de la ville de Priam. Arrêtons-nous et résistons-lui de pied ferme.»

Le grand Hector au casque étincelant lui répondit : « Déiphobe, tu fus toujours de tous mes frères, de tous les enfants d'Hécube et de Priam, le plus cher à mon cœur. Mais désormais je veux t'honorer encore davantage, toi qui, témoin de mon danger, oses par amour pour moi sortir de nos murailles, quand tous les autres y restent renfermés. »

Minerve, la déesse aux yeux bleus, lui répondit : « Mon frère, sans doute j'ai vu mon père et ma vénérable mère m'embrasser les genoux tour à tour et me supplier avec mes amis, qui m'entouraient, pour me retenir : tant ils sont tous saisis de crainte ! Mais intérieurement mon cœur était atteint d'un chagrin mortel. A présent combattons sans plus attendre, et n'épargnons pas nos lances, afin que nous sachions si c'est Achille qui, après nous avoir tués, remportera vers es vaisseaux creux nos dépouilles sanglantes, ou bien si c'est toi qui le feras tomber sous ta lance. »

διώκων ποσὶ ταχέεσσι | te poursuivant de *ses* pieds rapides
περὶ ἄστυ Πριάμοιο · | autour de la ville de Priam :
ἀλλὰ ἄγε δὴ στέωμεν, | mais va certes restons-debout,
καὶ ἀλεξώμεσθα μένοντες. » | et ayons résisté attendant. »
   Ἕκτωρ δὲ μέγας | Or Hector grand
κορυθαίολος | au-casque-étincelant
προσέειπεν αὖτε τήν | dit en-retour à elle :
« Δηΐφοβε , ἦ μὲν | « Déïphobe, certes à la vérité
ἦσθά μοι τοπάρος | tu étais à moi auparavant
πολὺ φίλτατος γνωτῶν, | de beaucoup le plus cher des frères ,
οὓς Ἑκάβη ἠδὲ Πρίαμος | lesquels Hécube et Priam
τέκε παῖδας · | engendrèrent *leurs* enfants ;
νῦν δὲ | mais maintenant
νοέω φρεσὶ | je pense dans *mon* esprit
τιμήσασθαι ἔτι καὶ μᾶλλον, | à *t*'avoir honoré même encore plus ,
ὃς ἔτλης εἵνεκα ἐμεῦ | *toi* qui osas à cause de moi
ἐξελθεῖν τείχεος , | être sorti du mur,
ἐπεὶ ἴδες ὀφθαλμοῖσιν, | après que tu vis *la chose* de *tes* yeux,
ἄλλοι δὲ μένουσιν ἔντοσθε. » | mais   les autres restent en dedans.»
   Ἀθήνη δὲ | Mais Minerve
θεὰ γλαυκῶπις | la déesse aux-yeux-bleus
προσέειπεν αὖτε τόν · | dit en-retour à lui :
« Ἠθεῖε , ἦ μὲν | « Mon frère, certes à la vérité
πατὴρ καὶ μήτηρ πότνια | *mon* père et *ma* mère vénérable
γουνούμενοι ἑξείης , | embrassant-*mes*-genoux tour-à-tour
ἑταῖροι δὲ ἀμφὶ | et *mes* amis à l'entour
λίσσοντο πολλὰ μένειν αὖθι · | *me* suppliaient beaucoup de rester là:
(τοῖον γὰρ ἅπαντες | (tant en effet tous
ὑποτρομέουσιν!) | tremblent-de-frayeur !)
ἀλλὰ ἐμὸς θυμὸς ἔνδοθι | mais mon cœur au dedans
ἐτείρετο πένθεϊ λυγρῷ. | était accablé d'un deuil funèbre.
Νῦν δὲ μεμαῶτε | Mais maintenant pleins-d'ardeur
μαχώμεθα ἰθύς , | combattons incontinent,
μηδὲ φειδωλὴ δούρων | et que l'épargne des lances
ἔστω τι , | ne soit en-rien,
ἵνα εἴδομεν εἰ Ἀχιλεὺς , | afin que nous sachions si Achille,
κατακτείνας νῶϊ , | ayant tué nous-deux,
φέρηταί κεν ἔναρα βροτόεντα | emportera *nos* dépouilles sanglantes
ἐπὶ νῆας γλαφυράς , | vers les vaisseaux creux,
ἦ κεν δαμήῃ σῷ δουρί. » | ou *si* il aura été dompté par ta lance. »

Ὣς φαμένη, καὶ χερδοσύνῃ ἡγήσατ' Ἀθήνη.
Οἱ δ' ὅτε δὴ σχεδὸν ἦσαν ἐπ' ἀλλήλοισιν ἰόντες,
τὸν πρότερος προσέειπε μέγας κορυθαίολος Ἕκτωρ·
« Οὔ σ' ἔτι, Πηλέος υἱὲ, φοβήσομαι, ὡς τοπάρος περ.   25ο
Τρὶς περὶ ἄστυ μέγα Πριάμου δίον, οὐδέ ποτ' ἔτλην
μεῖναι ἐπερχόμενον· νῦν αὖτέ με θυμὸς ἀνῆκε
στήμεναι ἀντία σεῖο· ἑλοιμί κεν, ἤ κεν ἀλώην.
Ἀλλ' ἄγε, δεῦρο θεοὺς ἐπιδώμεθα· τοὶ γὰρ ἄριστοι
μάρτυροι ἔσσονται καὶ ἐπίσκοποι ἁρμονιάων·   255
οὐ γὰρ ἐγώ σ' ἔκπαγλον ἀεικιῶ, αἴ κεν ἐμοὶ Ζεὺς
δώῃ καμμονίην, σὴν δὲ ψυχὴν ἀφέλωμαι·
ἀλλ' ἐπεὶ ἄρ κέ σε συλήσω κλυτὰ τεύχε', Ἀχιλλεῦ.
Νεκρὸν Ἀχαιοῖσιν δώσω πάλιν· ὣς δὲ σὺ ῥέζειν. »
    Τὸν δ' ἄρ' ὑπόδρα ἰδὼν προσέφη πόδας ὠκὺς Ἀχιλλεύς·   26ο
« Ἕκτορ, μή μοι, ἄλαστε, συνημοσύνας ἀγόρευε.
Ὣς οὐκ ἔστι λέουσι καὶ ἀνδράσιν ὅρκια πιστά,

C'est par cet artifice que Minerve le trompa. Lorsque les deux en-
nemis furent en présence, le grand Hector au casque étincelant prit
le premier la parole ·

« Je ne te fuirai plus, fils de Pélée, comme je l'ai fait jusqu'ici. Voilà
trois fois que j'ai fait le tour de la grande ville de Priam, et je n'ai pas
encore osé t'attendre. Mais à présent il me prend envie de lutter avec
toi. Il faut que je sois vainqueur ou vaincu. Allons, prenons à témoin
ici les dieux, qui seront les meilleurs dépositaires et les gardiens de la
foi jurée. Je m'engage à ne point t'outrager, si c'est à moi que Jupiter
donne la victoire, si c'est moi qui t'arrache la vie. Mais après t'avoir
dépouillé de tes belles armes, Achille, je rendrai ton corps aux Grecs
Prends le même engagement. »

Achille aux pieds légers, lui lançant un regard de travers, lui dit :
« Hector, que je hais, ne me parle pas d'arrangements. Il n'y a pas
de traités possibles entre les hommes et les lions ; pas de bonne intel-

Φαμένη ὡς,   Ayant parlé ainsi ,
Ἀθήνη ἡγήσατο καὶ κερδοσύνη.   Minerve *le* prévint même par la ruse.
Οἱ δὲ ὅτε δὴ ἦσαν σχεδὸν   Et eux lorsque certes ils furent près
ἰόντες ἐπὶ ἀλλήλοισιν,   allant l'un-sur-l'autre,
Ἕκτωρ μέγας κορυθαίολος   Hector grand au-casque-étincelant
προσέειπε πρότερος τόν ·   dit le premier à lui :
« Οὐκ ἔτι φοβήσομαί σε ,   « Je ne craindrai plus toi.
υἱὲ Πηλέος, ὡς τοπάρος περ.   fils de Pélée, comme auparavant.
Δίον τρὶς   J'ai fui trois-fois
περὶ ἄστυ μέγα Πριάμου,   autour de la ville grande de Priam,
οὐδέ ποτε ἔτλην   et je n'osais jamais
μεῖναι ἐπερχόμενον ·   avoir attendu *toi* survenant ;
νῦν αὖτε θυμός   mais maintenant *mon* cœur
ἀνῆκέ με   a excité moi
στήμεναι ἀντία σεῖο ·   à être resté-debout contre toi :
Ἑλοιμί κεν, ἤ κεν ἁλώην.   je prendrai ou je serai pris.
Ἀλλὰ ἄγε ,   Mais allons,
ἐπιδώμεθα δεῦρο θεούς ·   ayons ajouté ici les dieux ;
τοὶ γὰρ ἔσσονται   eux en effet seront
μάρτυροι ἄριστοι   témoins les meilleurs
καὶ ἐπίσκοποι ἁρμονιάων ·   et observateurs des conventions ;
ἐγὼ γὰρ οὐκ ἀεικιῶ σε   car moi je n'outragerai pas toi
ἔκπαγλον,   d'une-manière-terrible,
αἴ κε Ζεὺς δώῃ   si Jupiter aura donné
καμμονίην ἐμοι ,   la survivance à moi,
ἀφέλωμαι δὲ τὴν ψυχήν ·   et *que* j'aie ravi *à toi* ton âme;
ἀλλὰ ἐπεὶ ἄρ   mais après que certes
κὲ συλήσω σε   j'aurai dépouillé toi
τεύχεα κλυτά, Ἀχιλλεῦ,   de *les* armes belles, Achille,
δώσω πάλιν   je donnerai de nouveau
νεκρὸν Ἀχαιοῖσι ·   *ton* cadavre aux Achéens.
σὺ δὲ ῥέζειν ὡς. »   et il *faut* toi faire ainsi. »
Ἀχιλλεὺς δὲ ὠκὺς πόδας   Mais Achille léger *quant* aux pieds,
ἰδὼν τὸν ὑπόδρα   ayant regardé lui en dessous,
προσέφη ἄρα ·   *lui* dit donc :
« Μὴ ἀγόρευέ μοι συνημοσύνας,   « Ne parle pas à moi de conventions ,
Ἕκτορ, ἄλαστε.   Hector, *toi* que-je-ne-puis-oublier.
Ὡς οὐκ ἔστι   De même que il n'est pas
λέουσι καὶ ἀνδράσιν   pour les lions et les hommes
ὅρκια πιστά,   de serments sûrs,

οὐδὲ λύκοι τε καὶ ἄρνες ὁμόφρονα θυμὸν ἔχουσιν,
ἀλλὰ κακὰ φρονέουσι διαμπερὲς ἀλλήλοισιν·
ὣς οὐκ ἔστ' ἐμὲ καὶ σὲ φιλήμεναι, οὔτε τι νῶϊν   265
ὅρκια ἔσσονται, πρίν γ' ἢ ἕτερόν γε πεσόντα
αἵματος ἆσαι Ἄρηα, ταλαύρινον πολεμιστήν.
Παντοίης ἀρετῆς μιμνήσκεο· νῦν σε μάλα χρὴ
αἰχμητήν τ' ἔμεναι καὶ θαρσαλέον πολεμιστήν.
Οὔ τοι ἔτ' ἔσθ' ὑπάλυξις· ἄφαρ δέ σε Παλλὰς Ἀθήνη   270
ἔγχει ἐμῷ δαμάᾳ· νῦν δ' ἀθρόα πάντ' ἀποτίσεις
κήδε' ἐμῶν ἑτάρων, οὓς ἔκτανες ἔγχεϊ θύων. »
    Ἦ ῥα, καὶ ἀμπεπαλὼν προΐει δολιχόσκιον ἔγχος·
καὶ τὸ μὲν ἄντα ἰδὼν ἠλεύατο φαίδιμος Ἕκτωρ·
ἕζετο γὰρ προϊδών, τὸ δ' ὑπέρπτατο χάλκεον ἔγχος   275
Ἐν γαίῃ δ' ἐπάγη· ἀνὰ δ' ἥρπασε Παλλὰς Ἀθήνη,
ἂψ δ' Ἀχιλῆϊ δίδου, λάθε δ' Ἕκτορα, ποιμένα λαῶν.
Ἕκτωρ δὲ προσέειπεν ἀμύμονα Πηλείωνα·

ligence entre les loups et les agneaux, qui sont toujours animés les
uns contre les autres d'une haine implacable; de même il n'y a pas
d'accord, pas de trêve possible entre nous, avant que l'un de nous
deux ne succombe et n'abreuve de son sang Mars, toujours avide de
carnage. Rappelle à toi tout ton courage. C'est maintenant qu'il faut
manier habilement le javelot et combattre avec audace. Il n'y a pas
moyen d'échapper : bientôt Minerve Pallas te fera tomber sous mes
coups. C'est aujourd'hui que tu vas expier toutes les souffrances de
mes compagnons, que tu fis tomber sous l'effort de ta lance. »

    Il dit, et brandissant son long javelot, il l'envoie à l'illustre Hector,
qui, voyant le coup venir, l'esquive; il se baisse, et l'airain volant
par dessus sa tête, va se ficher en terre. Mais Minerve Pallas dégage
le javelot et le rend à Achille, à l'insu d'Hector, pasteur des peuples.
Alors Hector dit au vaillant fils de Pélée :

οὐδὲ λύκοι τε καὶ ἄρνες	et que les loups et les agneaux
ἔχουσι θυμὸν ὁμόφρονα,	n'ont pas le cœur pensant-de-même
ἀλλὰ φρονέουσι διαμπερὲς	mais *que* ils pensent toujours
κακὰ ἀλλήλοισιν·	des maux les-uns-contre-les-autres ;
ὡς οὐκ ἔστιν	de même il n'est pas *possible*
ἐμὲ καὶ σὲ φιλήμεναι,	moi et toi nous être aimés,
οὔτε ὅρκια ἔσσονται	et des serments ne seront
τὶ νῶϊν,	en-rien à nous-deux,
πρίν γε ἢ	avant du moins que
ἕτερόν γε πεσόντα	l'un certes étant tombé
ἆσαι αἵματος	avoir rassasié de sang
Ἄρηα πολεμιστὴν ταλαύρινον.	Mars guerrier infatigable.
Μιμνήσκεο	Souviens-toi
ἀρετῆς παντοίης·	de la vertu de-toute-sorte :
νῦν χρὴ μάλα σε	maintenant il faut certes toi
ἔμεναι αἰχμητήν τε	être et lançant-le-javelot
καὶ πολεμιστὴν θαρσαλέον.	et guerrier audacieux.
Οὐκ ἔτι ἔστι σοι ὑπάλυξις,	Il n'est plus à toi de moyen-de-fuir,
ἄφαρ δὲ Παλλὰς Ἀθήνη	mais aussitôt Pallas Minerve
δαμάᾳ σε ἐμῷ ἔγχεϊ·	domptera toi par ma lance ;
νῦν δὲ ἀποτίσεις	et maintenant tu paieras
πάντα κήδεα ἀθρόα.	toutes les douleurs nombreuses
ἐμῶν ἑτάρων,	de *mes* compagnons,
οὓς, θύων,	lesquels, *toi* étant-furieux,
ἔκτανες ἔγχεϊ. »	tu as tués de *ta* lance.
Ἦ ῥα,	Il dit certes,
καὶ ἀμπεπαλὼν	et *l*'ayant brandie-de-tous-côtés
προΐει ἔγχος	il lança *sa* lance
δολιχόσκιον·	à-la-longue-ombre ;
καὶ ἰδὼν τὸ μὲν ἄντα,	et ayant vu certes elle en face,
Ἕκτωρ φαίδιμος ἠλεύατο·	Hector brillant *l*'évita ;
ἕζετο γὰρ προϊδών,	car il se baissa l'ayant vue-d'avance,
τὸ δὲ ἔγχος χάλκεον ὑπέρπτατο.	et la lance d'airain vola-par-dessus.
Ἐπάγη δὲ ἐν γαίῃ·	Or elle s'enfonça en terre ;
Παλλὰς δὲ Ἀθήνη ἥρπασεν ἀνά,	mais Pallas Minerve *l*'arracha en haut,
δίδου δὲ ἀψ Ἀχιλῆϊ,	et *la* donnait de nouveau à Achille,
λάθε δὲ Ἕκτορα,	et elle se déroba à Hector,
ποιμένα λαῶν.	pasteur des peuples.
Ἕκτωρ δὲ προσέειπε	Mais Hector dit
Πηλείωνα ἀμύμονα·	au fils-de-Pélée irréprochable :

« Ἤμβροτες, οὐδ' ἄρα πώ τι, θεοῖς ἐπιείχελ' Ἀχιλλεῦ,
ἐκ Διὸς ᾔείδης τὸν ἐμὸν μόρον· ἤτοι ἔφης γε·   280
ἀλλά τις ἀρτιεπὴς καὶ ἐπίκλοπος ἔπλεο μύθων,
ὄφρα σ' ὑποδδείσας μένεος ἀλκῆς τε λάθωμαι.
Οὐ μέν μοι φεύγοντι μεταφρένῳ ἐν δόρυ πήξεις,
ἀλλ' ἰθὺς μεμαῶτι διὰ στήθεσφιν ἔλασσον,
εἴ τοι ἔδωκε θεός. Νῦν αὖτ' ἐμὸν ἔγχος ἄλευαι   285
χάλκεον· ὡς δή μιν σῷ ἐν χροῒ πᾶν κομίσαιο!
καί κεν ἐλαφρότερος πόλεμος Τρώεσσι γένοιτο,
σεῖο καταφθιμένοιο· σὺ γάρ σφισι πῆμα μέγιστον. »

Ἦ ῥα, καὶ ἀμπεπαλὼν προΐει δολιχόσκιον ἔγχος,
καὶ βάλε Πηλείδαο μέσον σάκος, οὐδ' ἀφάμαρτε·   290
τῆλε δ' ἀπεπλάγχθη σάκεος δόρυ. Χώσατο δ' Ἕκτωρ,
ὅττι ῥά οἱ βέλος ὠκὺ ἐτώσιον ἔκφυγε χειρός·
στῆ δὲ κατηφήσας, οὐδ' ἄλλ' ἔχε μείλινον ἔγχος.
Δηΐφοβον δ' ἐκάλει λευκάσπιδα, μακρὸν ἀΰσας,

«Tu t'es trompé, Achille égal aux dieux, et tu ne savais pas de
Jupiter quel devait être mon sort. Tu le disais pourtant. Mais tu n'es
qu'un adroit parleur, qu'un artisan de mensonges, et tu voulais en
m'effrayant me faire oublier ma force et ma valeur. Ce n'est pas dans
le dos, en me poursuivant, que tu pourras me percer de ta lance;
pousse-moi ton fer en face, en pleine poitrine, si tel est le vœu de
Jupiter. Mais à présent, tâche d'éviter mon javelot d'airain, que je
voudrais te voir entrer tout entier dans les chairs! La guerre devien-
drait, par ta mort, moins terrible aux Troyens, dont tu es le plus
redoutable fléau. »

Il dit, et brandissant le long javelot, il le lance au milieu du bouclier du fils de Pélée. Il ne le manqua pas, mais le trait rebondit au
loin, chassé par le bouclier. Hector, affligé de voir le trait rapide
retomber inutile, reste la tête baissée et sans avoir un seul javelot.
Il appelle à grands cris Déïphobe au blanc bouclier, et lui demande

« Ἥμβροτες,
Ἀχιλλεῦ ἐπιείκελε θεοῖς,
οὐδὲ ἄρα πώ τι
ᾔείδης τὸν ἐμὸν μόρον ἐκ Διός ·
ἤτοι ἔφης γε ·
ἀλλὰ ἔπλεο τίς
ἀρτιεπὴς καὶ ἐπίκλοπος μύθων,
ὄφρα ὑποδδείσας σε
λάθωμαι μένεος ἀλκῆς τε.
Οὐ μὲν πήξεις δόρυ
ἐν μεταφρένῳ μοι φεύγοντι,
ἀλλὰ ἔλασσον
ἰθὺς μεμαῶτι
διὰ στήθεσφιν,
εἰ θεὸς ἔδωκέ τοι.
Νῦν αὖτε ἄλευαι
ἐμὸν ἔγχος χάλκεον ·
ὡς δὴ κομίσαιο
μιν πᾶν ἐν σῷ χροΐ!
Καὶ πόλεμός κεν γένοιτο
ἐλαφρότερος Τρώεσσι,
σεῖο καταφθιμένοιο ·
σὺ γὰρ πῆμα μέγιστόν σφισιν. »
Ἦ ῥα,
καὶ ἀμπεπαλὼν
προΐει ἔγχος δολιχόσκιον,
καὶ βάλε μέσον σάκος
Πηλείδαο,
οὐδὲ ἀφάμαρτε ·
δόρυ δὲ ἀπεπλάγχθη
τῆλε σάκεος.
Ἕκτωρ δὲ χώσατο,
ὅττι ῥα βέλος ὠκὺ
ἐκφυγέν οἱ ἐτώσιον χειρός ·
στῆ δὲ κατηφήσας,
οὐδὲ ἔχεν
ἄλλο ἔγχος μείλινον.
Ἐκάλει δὲ Δηΐφοβον
λευκάσπιδα,
ἀΰσας μακρόν,

« Tu t'es trompé,
Achille semblable aux dieux,
et certes pas encore en rien
tu ne savais mon sort de Jupiter;
cependant tu l'as dit du moins,
mais tu étais quelqu'un
habile-à-parler et trompeur en paroles,
afin que, ayant craint toi,
j'aie oublié ardeur et force.
Tu n'enfonceras pas ta lance
dans le dos à moi fuyant,
mais aie poussé
droit à moi plein-d'ardeur
à travers la poitrine,
si un dieu l'a donné à toi.
Mais maintenant évite
mon javelot d'airain;
que certes tu aies emporté
lui entier dans ta chair !
Et la guerre serait devenue
plus légère aux Troyens,
toi ayant péri :
car toi tu es fléau très grand à eux.
Il dit certes,
et l'ayant brandie-autour
il lança sa lance à-longue-ombre,
et frappa au-milieu le bouclier
du fils-de-Pélée,
et il ne manqua pas;
mais la lance fut écartée
loin du bouclier.
Et Hector s'affligea
de ce que certes le trait rapide
échappa à lui en vain de la main;
et il resta ayant baissé-la-tête,
et il n'avait pas
d'autre javelot de-frêne.
Or il appelait Déiphobe,
au-bouclier-blanc,
ayant crié fort,

ἤτεέ μιν δόρυ μακρόν· ὁ δ' οὔτι οἱ ἐγγύθεν ἦεν.   295
Ἕκτωρ δ' ἔγνω ᾗσιν ἐνὶ φρεσί, φώνησέν τε·

« *Ω πόποι, ἦ μάλα δή με θεοὶ θάνατόνδε κάλεσσαν ¹.
Δηΐφοβον γὰρ ἔγωγ' ἐφάμην ἥρωα παρεῖναι.
Ἀλλ' ὁ μὲν ἐν τείχει, ἐμὲ δ' ἐξαπάτησεν Ἀθήνη.
Νῦν δὲ δὴ ἐγγύθι μοι θάνατος κακός, οὐδέ τ' ἄνευθεν ²·   300
οὐδ' ἀλέη· ἦ γάρ ῥα πάλαι τόγε φίλτερον ἦε
Ζηνί τε καὶ Διὸς υἱεῖ, Ἑκηβόλῳ, οἵ με πάρος γε
πρόφρονες εἰρύατο· νῦν αὖτέ με Μοῖρα κιχάνει·
μὴ μὰν ἀσπουδί γε καὶ ἀκλειῶς ἀπολοίμην,
ἀλλὰ μέγα ῥέξας τι καὶ ἐσσομένοισι πυθέσθαι! »   305
Ὣς ἄρα φωνήσας, εἰρύσσατο φάσγανον ὀξὺ,
τό οἱ ὑπὸ λαπάρην τέτατο μέγα τε στιβαρόν τε.
Οἴμησεν δὲ ἀλείς, ὥστ' αἰετὸς ὑψιπετήεις,
ὅστ' εἶσιν πεδίονδε διὰ νεφέων ἐρεβεννῶν,
ἁρπάξων ἢ ἄρν' ἀμαλὴν ἢ πτῶκα λαγωόν·   310

une longue lance... Déïphobe n'est plus là. Alors Hector comprend
tout, et s'écrie :

« Hélas ! ce sont les dieux qui m'appellent à la mort. Je croyais
que le vaillant Déïphobe était avec moi ; mais il est dans nos murs,
et c'est Minerve qui m'a trompé. Maintenant la funeste mort me menace de près ; elle est là : plus de moyen de fuir ! C'est la volonté de
Jupiter et du fils de Jupiter, du dieu qui lance au loin les traits. Ils
me protégeaient auparavant ; mais aujourd'hui la Parque s'empare de
moi. Du moins, je ne veux pas mourir lâchement et sans gloire, sans
me faire un grand nom, qui passe aux hommes à venir ! »

A ces mots, il tire le glaive aigu qui pendait long et fort à son
côté. Puis, recueillant ses forces, il s'élance, comme l'aigle au vol
élevé qui s'abat dans la plaine à travers les sombres nuées, pour enlever un tendre agneau ou quelque lièvre timide. Ainsi se précipite

ἥτεέ μιν δόρυ μακρόν·
ὁ δὲ οὔτι ἦεν ἐγγύθεν οἱ.
Ἕκτωρ δὲ ἔγνω
ἐνὶ ᾗσι φρεσὶ,
φώνησέ τε·
« Ὢ πόποι,
ἦ μάλα θεοὶ κάλεσσάν με
δὴ θάνατόνδε.
Ἔγωγε γὰρ ἐφάμην
Δηΐφοβον ἥρωα παρεῖναι.
Ἀλλὰ ὁ μὲν ἐν τείχει,
Ἀθήνη δὲ ἐξαπάτησεν ἐμέ.
Νῦν δὲ δὴ
θάνατος κακὸς ἐγγύθι μοι,
οὐδέ τε ἄνευθεν·
οὐδὲ ἀλέη·
ἦ γάρ ῥα πάλαι
τόγε ἦε φίλτερον
Ζηνί τε καὶ υἱεῖ Διὸς,
Ἑκηβόλῳ,
οἵ πάρος γε πρόφρονες,
εἰρύατό με·
νῦν αὖτε Μοῖρα
κιχάνει με·
μὴ μὰν ἀπολοίμην γε
ἀσπουδὶ καὶ ἀκλειῶς,
ἀλλὰ ῥέξας
τι μέγα
καὶ πυθέσθαι ἐσσομένοισι! »
  Φωνήσας ἄρα ὥς,
εἰρύσσατο φάσγανον ὀξὺ,
τὸ μέγα τε στιβαρόν τε
τέτατό οἱ ὑπὸ λαπάρην.
Ἀλεὶς δὲ οἴμησε,
ὥστε αἰετὸς ὑψιπετήεις,
ὅστε εἰσι πεδίονδε
διὰ νεφέων ἐρεβεννῶν,
ἁρπάξων
ἢ ἄρνα ἀμαλὴν
ἢ λαγωὸν πτῶκα·

il demandait à lui une lance longue :
mais il n'était nullement près de lui.
Or Hector reconnut
dans son esprit *la ruse*,
et dit :
« O dieux,
oui certes les dieux appelèrent moi
certainement à-la-mort.
Car quant-à-moi j'ai cru
Déiphobe héros être-là.
Mais lui *était* dans le mur,
et Minerve a trompé moi.
Mais maintenant certes
la mort mauvaise *est* près de moi,
et nullement loin ;
et *il n'y a* pas moyen-d'échapper :
car certes depuis-longtems
cela était plus cher
et à Jupiter et au fils de Jupiter,
au *dieu* qui-lance-au-loin-*les-traits*,
qui avant certes *étant* bienveillants,
protégèrent moi ;
mais maintenant la Destinée
atteint moi ;
que je n'aie pas péri du moins
lâchement et sans-gloire,
mais ayant fait
quelque-chose de grand
et à être appris aux *races* futures! »
    Ayant parlé certes ainsi,
il tira *son* épée aiguë,
laquelle et grande et forte
pendait à lui au flanc.
Or s'étant ramassé il fondit,
comme un aigle au-vol-élevé,
qui va dans-la-plaine
à travers les nues ténébreuses,
devant enlever
ou un agneau tendre
ou un lièvre timide :

ὣς Ἕκτωρ οἴμησε, τινάσσων φάσγανον ὀξύ.
Ὡρμήθη δ' Ἀχιλεὺς, μένεος δ' ἐμπλήσατο θυμὸν
ἀγρίου· πρόσθεν δὲ σάκος στέρνοιο κάλυψε
καλὸν, δαιδάλεον· κόρυθι δ' ἐπένευε φαεινῇ,
τετραφάλῳ· καλαὶ δὲ περισσείοντο ἔθειραι   315
χρύσεαι, ἃς Ἥφαιστος ἵει λόφον ἀμφὶ θαμειάς.
Οἷος δ' ἀστὴρ εἶσι μετ' ἄστρασι νυκτὸς ἀμολγῷ
ἕσπερος, ὃς κάλλιστος ἐν οὐρανῷ ἵσταται ἀστήρ·
ὣς αἰχμῆς ἀπέλαμπ' εὐήκεος, ἣν ἄρ' Ἀχιλλεὺς
πάλλεν δεξιτερῇ, φρονέων κακὸν Ἕκτορι δίῳ,   320
εἰσορόων χρόα καλὸν, ὅπη εἴξειε μάλιστα.
Τοῦ δὲ καὶ ἄλλο τόσον μὲν ἔχε χρόα χάλκεα
καλὰ, τὰ Πατρόκλοιο βίην ἐνάριξε κατακτάς.
φαίνετο δ' ᾗ κληῗδες ἀπ' ὤμων αὐχέν' ἔχουσι,
λευκανίην, ἵνα τε ψυχῆς ὤκιστος ὄλεθρος·   325
τῇ ῥ' ἐπὶ οἷ μεμαῶτ' ἔλασ' ἔγχεϊ δῖος Ἀχιλλεύς·
ἀντικρὺ δ' ἁπαλοῖο δι' αὐχένος ἤλυθ' ἀκωκή.

Hector, brandissant son glaive aigu. Achille de son côté fond sur lui,
le cœur plein d'une ardeur farouche, en abritant sa poitrine derrière
son magnifique bouclier artistement travaillé. Son casque brillant agite
ses quatre aigrettes, et autour du cimier flotte l'épaisse et belle crinière
d or, ouvrage de Vulcain. Tel on voit briller au ciel, dans l'ombre de la
nuit, Vesper, la plus belle des étoiles ; tel brillait le glaive tranchant
qu'Achille brandissait de la main droite, méditant la perte du divin Hector, et cherchant le faible de son armure. Le héros est de toutes parts
garanti par les belles armes d'airain dont il a dépouillé le valeureux
Patrocle, et qui ne laissent à découvert que cette partie où les clavi-
cules rattachent le col aux épaules, la gorge, par où la mort fraie le
plus rapide passage à la vie qui s'échappe. C'est là que le divin Achille
lui porte de sa lance un coup furieux. La pointe acérée pénètre dans

ὣς Ἕκτωρ οἴμησε,	ainsi Hector fondit,
τινάσσων φάσγανον ὀξύ.	brandissant *son* épée aiguë.
Ἀχιλεὺς δὲ ὡρμήθη,	Mais Achille s'élança,
ἐμπλήσατο δὲ θυμὸν	et remplit *son* cœur
μένεος ἀγρίου·	d'une ardeur farouche;
κάλυψε δὲ πρόσθε στέρνοιο	il étendit devant *sa* poitrine
σάκος καλὸν, δαιδάλεον·	*son* bouclier beau, bien-travaillé;
ἐπένευε δὲ κόρυθι φαεινῇ,	il agitait *son* casque brillant,
τετραφάλῳ·	à-quatre-cônes;
ἔθειραι δὲ χρύσεαι καλαὶ	et des crinières d or belles
περισσείοντο,	s'agitaient-autour,
ἅς Ἥφαιστος ἵει θαμειὰς	lesquelles Vulcain mit épaisses
ἀμφὶ λόφον.	autour du cimier.
Οἷος δὲ ἀστὴρ ἕσπερος	Or tel que l'astre du-soir
εἶσιν μετὰ ἄστρασιν	va parmi les astres
ἀμολγῷ νυκτὸς,	dans l'ombre de la nuit,
ὃς ἵσταται ἐν οὐρανῷ	lequel se tient dans le ciel
ἀστὴρ κάλλιστος·	l'astre le plus beau :
ὣς ἀπέλαμπεν	de même une-lueur-jaillissait
αἰχμῆς εὐήκεος,	de la lance bien-aiguisée,
ἥν ἄρα Ἀχιλεὺς	que certes Achille
πάλλε δεξιτερῇ,	brandissait de la *main* droite,
φρονέων κακὸν Ἕκτορι δίῳ,	méditant malheur à Hector divin,
εἰσορόων χρόα καλὸν,	regardant *sa* chair belle,
ὅπη εἴξειε μάλιστα.	par où il aurait cédé le plus.
Τεύχη δὲ χάλκεα καλὰ,	Mais les armes d'airain belles,
τὰ ἐνάριξε κατακτὰς	dont il dépouilla *l'*ayant tué
βίην Πατρόκλοιο,	la force de Patrocle,
ἔχε μὲν χρόα	tenaient à la vérité *sa* chair
καὶ τόσον ἄλλο·	et autant que le reste ;
φαίνετο δὲ λευκανίην,	mais elles laissaient-paraître la gorge,
ᾗ κληῗδες ἔχουσιν	par où les clavicules tiennent
αὐχένα ἀπὸ ὤμων,	le cou *séparé* des épaules,
ἵνα τε ὄλεθρος ψυχῆς	et où la perte du souffle-de-la-vie
ὤκιστος·	*est* la plus prompte :
τῇ ῥα Ἀχιλεὺς δῖος	par là certes Achille divin
ἔλασεν ἐπὶ οἷ	poussa à lui
ἔγχεϊ μεμαῶτι·	avec *sa* lance furieuse;
ἀκωκὴ δὲ ἤλυθεν ἀντικρὺ	et la pointe vint vis-à-vis
διὰ αὐχένος ἁπαλοῖο.	à travers le cou tendre.

Οὐδ' ἄρ' ἀπ' ἀσφάραγον μελίη τάμε χαλκοβάρεια,
ὄφρα τί μιν προτιείποι ἀμειβόμενος ἐπέεσσιν.
Ἤριπε δ' ἐν κονίῃς ¹· ὁ δ' ἐπεύξατο δῖος Ἀχιλλεύς·   33o
    « Ἕκτορ, ἀτάρ που ἔφης, Πατροκλῆ' ἐξεναρίζων,
σῶς ἔσσεσθ', ἐμὲ δ' οὐδὲν ὀπίζεο νόσφιν ἐόντα.
Νήπιε ! τοῖο δ' ἄνευθεν ἀοσσητὴρ μέγ' ἀμείνων
νηυσὶν ἔπι γλαφυρῇσιν ἐγὼ μετόπισθε λελείμμην,
ὅς τοι γούνατ' ἔλυσα· σὲ μὲν κύνες ἠδ' οἰωνοὶ   335
ἑλκήσουσ' ἀϊκῶς, τὸν δὲ κτεριοῦσιν Ἀχαιοί. »
    Τὸν δ' ὀλιγοδρανέων προσέφη κορυθαίολος Ἕκτωρ·
    « Λίσσομ' ὑπὲρ ψυχῆς καὶ γούνων, σῶν τε τοκήων,
μή με ἔα παρὰ νηυσὶ κύνας καταδάψαι Ἀχαιῶν·
ἀλλὰ σὺ μὲν χαλκόν τε ἅλις χρυσόν τε δέδεξο,   34o
δῶρα, τά τοι δώσουσι πατὴρ καὶ πότνια μήτηρ·
σῶμα δὲ οἴκαδ' ἐμὸν δόμεναι πάλιν, ὄφρα πυρός με
Τρῶες καὶ Τρώων ἄλοχοι λελάχωσι θανόντα. »
    Τὸν δ' ἄρ' ὑπόδρα ἰδὼν προσέφη πόδας ὠκὺς Ἀχιλλεύς·

la chair tendre du cou. Mais le frène armé de fer n'a pas tranché le
larynx, et le héros peut parler encore; il tombe sur la poussière, et
le divin Achille triomphe :

    « Hector, tu te flattais, en dépouillant le cadavre de Patrocle, de
vivre longtemps encore ; tu te rassurais en mon absence. Insensé !
Patrocle laissait derrière lui, sur nos vaisseaux creux, un vengeur
plus puissant, qui t'a fait tomber sous ses coups. Les chiens et les vautours vont profaner et se disputer ton cadavre, tandis que les Grecs
feront à Patrocle de belles funérailles. »

    Hector au casque étincelant lui dit épuisé :

    « Je t'en supplie, par ton âme, par tes genoux que j'embrasse, au
nom de ton père et de ta mère, ne me livre pas, près des vaisseaux
des Grecs, en pâture aux chiens dévorants. Mais accepte l'airain et
l'or que te prodigueront mon père et ma vénérable mère, et rends
mon corps à ma patrie, où les Troyens et les femmes des Troyens
m'admettront aux honneurs du bûcher. »

    Mais Achille aux pieds légers, lui lançant un regard de haine, lui

Οὐδὲ μελίη χαλκοβάρεια
ἀπέταμεν ἄρα ἀσφάραγον,
ὄφρα ἀμειβόμενος προτιείποι μιν
τί ἐπέεσσιν.
Ἤριπε δὲ ἐν κονίης·
ὁ δὲ Ἀχιλλεὺς δῖος ἐπεύξατο·
« Ἕκτορ, ἀτάρ που ἔφης,
ἐξεναρίζων Πατροκλῆα,
ἔσσεσθαι σῶς,
ὀπίζεο δὲ οὐδὲν
ἐμὲ ἐόντα νόσφιν.
Νήπιε ! ἐγὼ δὲ ἀοσσητὴρ
μέγα ἀμείνων τοῖο
λελείμμην ἄνευθε μετόπισθεν
ἐπὶ νηυσὶ γλαφυρῇσιν,
ὃς ἔλυσα γούνατά τοι·
κύνες μὲν ἠδὲ οἰωνοὶ
ἑλκήσουσί σε ἀϊκῶς,
Ἀχαιοὶ δὲ
κτεριοῦσι τόν. »
Ἕκτωρ δὲ κορυθαίολος
ὀλιγοδρανέων
προσέφη τόν·
« Λίσσομαι ὑπὲρ ψυχῆς
καὶ γούνων σῶν τε τοκήων,
μὴ ἔα κύνας Ἀχαιῶν
καταδάψαι με παρὰ νηυσίν·
ἀλλὰ σὺ μὲν δέδεξο
χαλκόν τε χρυσόν τε ἅλις,
δῶρα τὰ δώσουσί σοι
πατὴρ καὶ μήτηρ πότνια·
δόμεναι δὲ πάλιν
ἐμὸν σῶμα οἴκαδε,
ὄφρα Τρῶες
καὶ ἄλοχοι Τρώων
λελάχωσι πυρὸς
μὲ θανόντα. »
Ἀχιλλεὺς δὲ ὠκὺς πόδας
ἰδὼν ὑπόδρα
προσέφη ἄρα τόν·

Et *la-lance* de frêne lourde-d'airain
ne coupa point certes la trachée-artère,
afin que répondant il dît-à lui
quelque-chose par des paroles.
Mais il tomba dans la poussière;
et Achille divin se glorifia-sur *lui* :
« Hector, tu prétendais sans doute,
dépouillant Patrocle,
devoir être sain-et-sauf,
et tu ne craignais en-rien
moi étant à l'écart.
Insensé ! mais moi vengeur
beaucoup plus fort que lui
j'avais été laissé loin par derrière
sur les vaisseaux creux,
moi qui ai brisé les genoux à toi
les chiens et les oiseaux d'un côté
traineront toi honteusement,
les Achéens de l'autre
feront-des-funérailles à lui. »
Mais Hector au-casque-étincelant
ne-pouvant-plus-faire-que-peu
dit-à lui :
« Je *t'en* supplie par *ton* âme
et *tes* genoux et tes parents,
ne laisse pas les chiens des Achéens
avoir déchiré moi près des vaisseaux ;
mais toi à la vérité aie reçu
et de l'airain et de l'or en-abondance,
présents que donneront à toi
mon père et *ma* mère vénérable :
veuille avoir donné de nouveau
mon corps à-la-maison,
afin que les Troyens
et les épouses des Troyens
aient fait-participer au feu
moi étant mort. »
Mais Achille léger *quant* aux pied°
ayant regardé en dessous
dit certes à lui :

« Μή με, κύον, γούνων γουνάζεο, μηδὲ τοκήων.   345

Αἲ γάρ πως αὐτόν με μένος καὶ θυμὸς ἀνείη

ὤμ᾽ ἀποταμνόμενον κρέα ἔδμεναι, οἶά μ᾽ ἔοργας!

ὡς οὐκ ἔσθ᾽ ὃς σῆς γε κύνας κεφαλῆς ἀπαλάλκοι·

οὐδ᾽ εἴ κεν δεκάκις τε καὶ εἰκοσινήριτ᾽ ἄποινα

στήσωσ᾽ ἐνθάδ᾽ ἄγοντες, ὑπόσχωνται δὲ καὶ ἄλλα·   35c

οὐδ᾽ εἴ κέν σ᾽ αὐτὸν χρυσῷ ἐρύσασθαι ἀνώγοι

Δαρδανίδης Πρίαμος· οὐδ᾽ ὣς σέ γε πότνια μήτηρ

ἐνθεμένη λεχέεσσι γοήσεται, ὃν τέκεν αὐτή,

ἀλλὰ κύνες τε καὶ οἰωνοὶ κατὰ πάντα δάσονται. »

    Τὸν δὲ καταθνήσκων προσέφη κορυθαίολος Ἕκτωρ·   355

« Ἦ σ᾽ εὖ γιγνώσκων προτιόσσομαι, οὐδ᾽ ἄρ᾽ ἔμελλον

πείσειν· ἦ γὰρ σοί γε σιδήρεος ἐν φρεσὶ θυμός.

Φράζεο νῦν μή τοί τι θεῶν μήνιμα γένωμαι,

ἤματι τῷ ὅτε κέν σε Πάρις καὶ Φοῖβος Ἀπόλλων ,

ἐσθλὸν ἐόντ᾽. ὀλέσωσιν ἐνὶ Σκαιῇσι πύλῃσιν. »   36o

répond : « Ne m'implore pas , chien , ni par mes genoux , ni au nom de mes parents. Je voudrais dans ma rage te couper en morceaux et dévorer les chairs sanglantes , pour me venger du mal que tu m'as fait ! Ainsi personne ne saurait éloigner les chiens de ta tête, m'offrit-on une rançon dix et vingt fois plus forte , et m'en promit-on encore davantage; non , quand le fils de Dardanus , quand Priam lui-même voudrait te racheter au poids de l'or. Ce n'est point ta vénérable mère qui te pleurera, étendu sur un lit, elle qui t'a donné le jour; mais les chiens et les vautours viendront te dévorer entièrement. »

Hector au casque étincelant lui dit en mourant : « Oh! je te reconnais bien , et je n'espère pas te fléchir ; car tu as dans la poitrine un cœur de fer. Mais prends garde que je n'attire sur toi la vengeance des dieux , le jour où Paris et Phébus Apollon te feront, malgré ta vaillance, tomber sous leurs coups aux portes Scées. »

« Μή γουνάζεό με,　　« N'embrasse-pas-les-genoux à moi,
κύον, γούνων,　　chien, par *mes* genoux,
μηδὲ τοκήων·　　ni par *mes* parents.
Αἱ γάρ πως　　Car plût-au-ciel que en quelque sorte
μένος καὶ θυμὸς　　*ma* colère et *mon* cœur
ἀνείη με αὐτὸν　　poussassent moi-même
ἀποταμνόμενον　　*les* ayant découpées
ἑδμεναι κρέα ὠμά,　　à avoir mangé *les* chairs crues,
ἷα ἔοργάς με!　　*pour les choses* que tu fis à moi !
Ὡς οὐκ ἔστιν ὅς ἀπαλάλκοι　　Ainsi il n'est *personne* qui écarterait
κύνας σῆς γε κεφαλῆς·　　les chiens du moins de ta tête ;
οὐδὲ εἴ κε στήσωσιν　　pas même s'ils eussent pesé
ἄγοντες ἐνθάδε ἄποινα　　apportant ici des rançons
δεκάκις τε　　et dix-fois
καὶ εἰκοσινήριτα,　　et vingt-fois-aussi-grandes,
ὑπόσχωνται δὲ καὶ ἄλλα·　　et s'ils en eussent promis même d'au-
οὐδὲ εἰ Πρίαμος　　pas même si Priam　　[tres ;
Δαρδανίδης　　fils-de-Dardanus
κέν ἀνώγοι ἐρύσασθαι　　ordonnerait d'avoir racheté
σὲ αὐτὸν χρυσῷ·　　toi-même *au poids* de l'or ;
οὐδὲ μήτηρ πότνια　　et *ta* mère vénérable
γοήσεται ὥς,　　ne pleurera pas ainsi,
ἐνθεμένη λεχέεσσι σέ γε,　　ayant placé sur un lit toi du moins,
ὃν αὐτή τέκεν,　　lequel elle-même engendra,
ἀλλά κύνες τε καὶ οἰωνοί　　mais et les chiens et les oiseaux
καταδάσονται πάντα. »　　*te* déchireront tout-entier.»
Ἕκτωρ δὲ κορυθαίολος　　Or Hector au-casque-étincelant
προσέφη τὸν καταθνήσκων·　　dit-à lui en mourant :
« Ἡ προτιόσσομαί σε　　« Certainement je regarde toi
γιγνώσκων εὖ,　　*te* connaissant bien,
οὐδὲ ἄρα ἔμελλον πείσειν·　　certes je ne devais pas *te* persuader :
ἦ γάρ θυμὸς σιδήρεος　　car certainement un cœur de-fer
σοί γε ἐν φρεσί.　　*est* à toi du moins dans les esprits.
Φράζεο νῦν,　　Songe maintenant,
μὴ γένωμαί τοι　　de peur que je ne sois devenu à toi
τι μήνιμα θεῶν,　　quelque sujet-de-vengeance des dieux,
τῷ ἤματι ὅτε　　*dans* ce jour lorsque
Πάρις καὶ Φοῖβος Ἀπόλλων　　Paris et Phébus Apollon
κέν ὀλέσωσί σε ἐόντα ἐσθλὸν　　auront perdu toi étant **vaillant**
ἐνί πύλῃσι Σκαιῇσι. »　　aux portes Scées. »

Ὡς ἄρα μιν εἰπόντα τέλος θανάτοιο κάλυψε·
ψυχὴ δ' ἐκ ῥεθέων πταμένη, Ἀϊδόσδε βεβήκει,
ὃν πότμον γοόωσα, λιποῦσ' ἀδροτῆτα καὶ ἥβην.
Τὸν καὶ τεθνηῶτα προσηύδα δῖος Ἀχιλλεύς·

« Τέθναθι· Κῆρα δ' ἐγὼ τότε δέξομαι ὁππότε κεν δὴ   365
Ζεὺς ἐθέλῃ τελέσαι ἠδ' ἀθάνατοι θεοὶ ἄλλοι. »

Ἦ ῥα, καὶ ἐκ νεκροῖο ἐρύσσατο χάλκεον ἔγχος·
καὶ τόγ' ἄνευθεν ἔθηχ', ὁ δ' ἀπ' ὤμων τεύχε' ἐσύλα
αἱματόεντ'· ἄλλοι δὲ περίδραμον υἷες Ἀχαιῶν,
οἳ καὶ θηήσαντο φυὴν καὶ εἶδος ἀγητὸν   370
Ἕκτορος· οὐδ' ἄρα οἵ τις ἀνουτητί γε παρέστη.

Ὧδε δέ τις εἴπεσκεν ἰδὼν ἐς πλησίον ἄλλον·

« Ὢ πόποι, ἦ μάλα δὴ μαλακώτερος ἀμφαφάασθαι
Ἕκτωρ, ἢ ὅτε νῆας ἐνέπρησεν πυρὶ κηλέῳ. »

Ὡς ἄρα τις εἴπεσκε, καὶ οὐτήσασκε παραστάς.   375
Τὸν δ' ἐπεὶ ἐξενάριξε ποδάρκης δῖος Ἀχιλλεύς,
στὰς ἐν Ἀχαιοῖσιν ἔπεα πτερόεντ' ἀγόρευεν·

• Ὢ φίλοι, Ἀργείων ἡγήτορες ἠδὲ μέδοντες ¹,

Il dit, et le voile de la mort s'étendit sur ses yeux. Son âme, s'é-
chappant de son corps, s'envola aux enfers, pleurant son malheur,
et laissant derrière elle vigueur et jeunesse. Le divin Achille lui dit
encore :

« Meurs. Quant à moi, la Parque viendra quand le voudront Jupiter et les autres dieux immortels. »

Il dit, et, dégageant son javelot d'airain du cadavre, il le déposa plus
loin, et dépouilla le héros de ses armes sanglantes. Les autres fils des
Grecs accoururent autour d'Hector, pour contempler sa taille et sa
beauté. Aucun d'eux n'approcha sans le frapper; et ils se disaient
entre eux :

« Dieux ! Hector est plus facile à aborder aujourd'hui que lorsqu'il
vint incendier nos vaisseaux ! »

C'est ainsi qu'ils parlaient, et ils le frappaient de leurs armes.
Quand le divin Achille aux pieds agiles l'a dépouillé, il vient au milieu des Grecs et leur dit ces paroles, qui volent rapides :

« Amis, chefs et souverains des Grecs, maintenant que les dieux

Τέλος ἄρα θανάτοιο
κάλυψέ μιν εἰπόντα ὡς·
ψυχὴ δὲ πταμένη ἐκ ῥεθέων,
βεβήκει Ἀϊδόσδε,
γοόωσα ὃν πότμον,
λιποῦσα ἀδροτῆτα καὶ ἥβην.
Ἀχιλλεὺς δῖος προσηύδα τὸν
καὶ τεθνηῶτα·
ι. Τέθναθι·
ἐγὼ δὲ δέξομαι Κῆρα
τότε ὁππότε δὴ
Ζεύς κεν ἐθέλῃ τελέσαι,
ἠδὲ οἱ ἄλλοι θεοὶ ἀθάνατοι. »
Ἦ ῥα,
καὶ ἐρύσσατο ἐκ νεκροῖο
ἔγχος χάλκεον·
καὶ ἔθηκε τόγε ἄνευθεν,
ὁ δὲ ἐσύλα ἀπὸ ὤμων
τεύχεα αἱματόεντα·
ἄλλοι δὲ υἷες Ἀχαιῶν
περίδραμον,
οἳ θηήσαντο καὶ φυὴν
καὶ εἶδος ἀγητὸν Ἕκτορος·
οὐδὲ ἄρα τις παρέστη οἱ
ἀνουτητί γε.
Τὶς δὲ ἰδὼν
εἴπεσκεν ὧδε ἐς ἄλλον πλησίον·
« Ὦ πόποι, ἦ δὴ Ἕκτωρ
μάλα μαλακώτερος ἀμφαφάασθαι,
ἢ ὅτε ἐνέπρησε νῆας
πυρὶ κηλέῳ. »
Τὶς ἄρα εἴπεσκεν ὡς,
καὶ οὐτήσασκε παραστάς.
Ἐπεὶ δὲ Ἀχιλλεὺς δῖος
ποδάρκης
ἐξενάριξε τὸν,
στὰς ἐν Ἀχαιοῖσιν
ἀγόρευεν ἔπεα πτερόεντα·
« Ὦ φίλοι,
ἡγήτορες ἠδὲ μέδοντες Ἀργείων,

La fin de la mort certes
voila lui ayant dit ainsi ;
et l'âme s'étant envolée des membres,
alla dans *la demeure* de Pluton,
pleurant son destin,
ayant laissé vigueur et jeunesse.
Achille divin dit-à lui
quoique étant mort :
« Aie péri :
et moi je recevrai la Parque
alors lorsque certainement
Jupiter voudra avoir fini,
lui et les autres dieux immortels. »
Il dit donc,
et il arracha du cadavre
sa lance d'-airain ;
et il plaça elle loin,
et lui, il enleva de *ses* épaules
ses armes ensanglantées ;
et d'autres fils des Achéens
coururent-autour,
qui examinèrent et l'extérieur
et la beauté admirable d'Hector :
et personne certes ne vint à lui
sans-blessure du moins.
Mais quelqu'un ayant regardé
disait ainsi à un autre voisin :
« O dieux, oui certes Hector
est beaucoup plus doux à manier
que lorsque il incendia les vaisseaux
par un feu brûlant. »
Or on parlait ainsi,
et *on le* frappait en s'approchant.
Mais après que Achille divin
aux-pieds-puissants
eut dépouillé lui,
se tenant-debout parmi les Achéens,
il dit des paroles ailées :
« O amis,
chefs et gouverneurs des Argiens,

ἐπειδὴ τόνδ' ἄνδρα θεοὶ δαμάσασθαι ἔδωκαν,
ὃς κακὰ πόλλ' ἔρρεξεν ὅσ' οὐ σύμπαντες οἱ ἄλλοι,　　　　　380
εἰ δ', ἄγετ', ἀμφὶ πόλιν σὺν τεύχεσι πειρηθῶμεν,
ὄφρα κέ τι γνῶμεν Τρώων νόον ὅντιν' ἔχουσιν·
ἢ καταλείψουσιν πόλιν ἄκρην, τοῦδε πεσόντος,
ἠὲ μένειν μεμάασι, καὶ Ἕκτορος οὐκέτ' ἐόντος.
Ἀλλὰ τίη μοι ταῦτα φίλος διελέξατο θυμός;　　　　　385
κεῖται πὰρ νήεσσι νέκυς ἄκλαυτος, ἄθαπτος [1],
Πάτροκλος· τοῦ δ' οὐκ ἐπιλήσομαι, ὄφρ' ἂν ἔγωγε
ζωοῖσιν μετέω, καί μοι φίλα γούνατ' ὀρώρῃ.
Εἰ δὲ θανόντων περ καταλήθοντ' εἰν Ἀΐδαο,
αὐτὰρ ἐγὼ καὶ κεῖθι φίλου μεμνήσομ' ἑταίρου.　　　　　390
Νῦν δ' ἄγ', ἀείδοντες παιήονα [2], κοῦροι Ἀχαιῶν,
νηυσὶν ἔπι γλαφυρῇσι νεώμεθα, τόνδε δ' ἄγωμεν.
Ἠράμεθα μέγα κῦδος· ἐπέφνομεν Ἕκτορα δῖον,
ᾧ Τρῶες κατὰ ἄστυ, θεῷ ὣς, εὐχετόωντο. »
Ἦ ῥα, καὶ Ἕκτορα δῖον ἀεικέα μήδετο ἔργα [3].　　　　　395
Ἀμφοτέρων μετόπισθε ποδῶν τέτρηνε τένοντε

nous ont donné de vaincre ce guerrier, qui nous a fait plus de mal à lui seul que tous les autres ensemble, il faut marcher sur la ville avec nos armes, afin de reconnaître les dispositions des Troyens, et de savoir si Hector une fois mort ils abandonneront la citadelle, ou s'ils persistent à la garder encore, quand il n'est plus. Mais pourquoi mon cœur me suggère-t-il ces pensées? Le cadavre de Patrocle est là-bas étendu près des vaisseaux, sans larmes et sans sépulture : je ne l'oublierai pas tant que je serai parmi les vivants, et que mes genoux pourront me porter. Et si l'on perd aux enfers la mémoire des morts, je veux même aux enfers me souvenir de mon cher compagnon. Allons à présent chanter l'hymne d'allégresse, jeunes Grecs, et traînons ce cadavre vers nos vaisseaux creux. Nous nous sommes couverts de gloire en immolant le divin Hector, que les Troyens invoquaient comme un dieu par la ville. »

Il dit, méditant quels outrages il allait faire subir au divin Hector. Il lui transperça les deux tendons des pieds, depuis la plante jusqu'à

ἐπειδὴ θεοὶ ἔδωκαν	puisque les dieux ont donné
δαμάσασθαι τόνδε ἄνδρα,	d'avoir dompté cet homme,
ὃς ἔρρεξε κακὰ πολλὰ,	qui a fait des maux nombreux,
ὅσα οὐ σύμπαντες οἱ ἄλλοι,	autant que non tous les autres,
ε᾽ ᾽ε, ἄγετε,	mais si, allons,
πειρηθῶμεν	nous avions éprouvé
ἀμτὶ πόλιν σὺν τεύχεσιν,	autour de la ville avec les armes,
ὄφρα τί κε γνῶμεν	afin que nous ayons reconnu
νόον Τρώων ὄντινα ἔχουσιν·	l'esprit des Troyens lequel ils ont ;
ἢ καταλείψουσι πόλιν ἄκρην,	si ils abandonneront la ville haute,
τοῦδε πεσόντος,	celui-ci étant tombé,
ἠὲ μεμάασι μένειν,	ou si ils désirent tenir-bon,
καὶ Ἕκτορος οὐκέτι ἐόντος.	même Hector n'étant plus.
Ἀλλὰ τίη φίλος θυμὸς	Mais pourquoi mon cœur
διελέξατό μοι ταῦτα;	a-t-il entretenu moi de ces-choses ?
Πάτροκλος κεῖται πὰρ νήεσσι,	Patrocle gît près des vaisseaux,
νέκυς ἄκλαυτος, ἄθαπτος·	cadavre non-pleuré, non-enseveli ;
οὐ δὲ ἐπιλήσομαι τοῦ,	et je n'oublierai pas lui,
ὄφρα ἔγωγε	tant que moi du moins
ἂν μετέω ζωοῖσι,	je serai-parmi les vivants,
καὶ φίλα γούνατα ὀρώρῃ μοι.	et que mes genoux remueront à moi·
Εἴπερ δὲ καταλήθονται	Mais si même on oublie
θανόντων εἰν Ἀΐδαο,	les morts dans la demeure de Pluton,
αὐτὰρ ἐγὼ καὶ κεῖθι	pourtant moi même là
μεμνήσομαι ἑταίρου φίλου.	je me souviendrai de mon ami chéri·
Νῦν δὲ, ἄγε,	Mais à présent, allons,
κοῦροι Ἀχαιῶν,	jeunes gens des Achéens,
ἀείδοντες παιήονα,	chantant un hymne,
νεώμεθα ἐπὶ νηυσὶ γλαφυρῇσιν,	allons vers les vaisseaux creux,
ἄγωμεν δὲ τόνδε.	et emmenons celui-ci.
Ἠράμεθα	Nous avons remporté
κῦδος μέγα·	une gloire grande ;
ἐπέφνομεν Ἕκτορα δῖον,	nous avons tué Hector divin,
ᾧ Τρῶες εὐχετόωντο	que les Troyens imploraient
ὡς θεῷ κατὰ ἄστυ. »	comme un dieu par la ville. »
Ἦ ῥα,	Il dit donc,
καὶ μήδετο ἔργα ἀεικέα	et il méditait des actions indignes
Ἕκτορα δῖον.	contre Hector divin.
Τέτρηνε μετόπισθε	Il lui traversa par-derrière
τένοντε ἀμφοτέρων ποδῶν	les deux-tendons des deux pieds

ἐς σφυρὸν ἐκ πτέρνης, βοέους δ' ἐξῆπτεν ἱμάντας,
ἐκ δίφροιο δ' ἔδησε· κάρη δ' ἕλκεσθαι ἔασεν·
ἐς δίφρον δ' ἀναβὰς, ἀνά τε κλυτὰ τεύχε' ἀείρας,
μάστιζεν δ' ἐλάαν, τὼ δ' οὐκ ἄκοντε πετέσθην.   400
Τοῦ δ' ἦν ἑλκομένοιο κονίσαλος· ἀμφὶ δὲ χαῖται
κυάνεαι πίλναντο, κάρη δ' ἅπαν ἐν κονίῃσι
κεῖτο, πάρος χαρίεν· τότε δὲ Ζεὺς δυσμενέεσσι
δῶκεν ἀεικίσσασθαι ἑῇ ἐν πατρίδι γαίῃ.

Ὣς τοῦ μὲν κεκόνιτο κάρη ἅπαν· ἡ δέ νυ μήτηρ   405
τίλλε κόμην, ἀπὸ δὲ λιπαρὴν ἔρριψε καλύπτρην
τηλόσε· κώκυσεν δὲ μάλα μέγα, παῖδ' ἐσιδοῦσα.
Ὤμωξεν δ' ἐλεεινὰ πατὴρ φίλος, ἀμφὶ δὲ λαοὶ
κωκυτῷ τ' εἴχοντο καὶ οἰμωγῇ κατὰ ἄστυ [1]·
τῷ δὲ μάλιστ' ἄρ' ἔην ἐναλίγκιον, ὡς εἰ ἅπασα   410
Ἴλιος ὀφρυόεσσα πυρὶ σμύχοιτο κατ' ἄκρης.
Λαοὶ μέν ῥα γέροντα μόγις ἔχον ἀσχαλόωντα,

la cheville, et l'attacha à son char avec des courroies de cuir de
bœuf, en laissant traîner la tête. Puis montant sur le char et élevant
en l'air les armes glorieuses du vaincu, il aiguillonne ses coursiers
qui volent pleins d'ardeur. Un nuage s'élève derrière le corps traîné
dans la poussière ; et ces cheveux noirs, et cette tête auparavant si
belle, pendent et traînent à terre. Alors Jupiter permettait aux enne-
mis d'Hector de profaner ses restes sur le sol même de sa patrie.

Ainsi était souillée sa belle tête. Sa mère s'arrachait les cheveux,
rejetait loin d'elle son voile magnifique, et redoublait ses sanglots à
la vue de son fils. Son père gémissait d'une voix lamentable, et tout
le peuple se livrait aux pleurs et aux lamentations par la ville. On
eût dit que l'altière ville d'Ilion croulait de fond en comble, ruinée
par l'incendie. Ce n'est qu'avec peine qu'on parvint à retenir le vieil-

ἐκ πτέρνης ἐς σφυρὸν,	depuis la plante jusqu'à la cheville,
ἐξῆπτε δὲ	et il y adapta
ἱμάντας βοέους,	des lanières de-peau-de-bœuf,
ἔδησε δὲ ἐκ δίφροιο	et le lia à son char;
ἔασε δὲ κάρη ἕλκεσθαι·	et il laissa la tête être traînée;
ἀναβὰς δὲ ἐς δίφρον,	et étant monté sur le char,
ἀείρας τε ἀνὰ	et ayant élevé en-haut
τεύχεα κλυτά,	les armes glorieuses,
μάστιξε δὲ ἐλάαν,	il fouetta pour faire-avancer,
τὼ δὲ πετέσθην	et les-deux chevaux volaient
οὐκ ἄκοντε.	non à-regret.
Κονίσαλος δὲ ἦν	Or un tourbillon-de-poussière était
τοῦ ἑλκομένοιο·	de lui traîné;
χαῖται δὲ κυάνεσι	et ses cheveux sombres
πίλναντο ἀμφὶ,	s'approchaient de la terre autour,
κάρη, δὲ ἅπαν	et la tête entière
χαρίεν πάρος,	gracieuse auparavant,
κεῖτο ἐν κονίῃσι·	gisait dans la poussière;
τότε δὲ Ζεὺς δῶκε δυσμενέεσσι·	et alors Jupiter donna à ses ennemis
ἀεικισσασθαι	de l'avoir déshonoré
ἐν ἑῇ γαίῃ πατρίδι.	sur sa terre patrie.
Κάρη μὲν ἅπαν τοῦ	La tête à la vérité entière de lui
κεκόνιτο ὥς·	avait été souillée-de-poussière ainsi:
ἡ δέ νυ μήτηρ	et certes donc sa mère
τίλλε κόμην,	s'arrachait les cheveux,
ἀπέρριψε δὲ τηλόσε καλύπτρην λι-	et rejeta loin son voile brillant;
κώκυσε δὲ μάλα μέγα, [παρήν·	et elle gémit très grandement,
ἐσιδοῦσα παῖδα.	ayant regardé son fils.
Πατὴρ δὲ φίλος	Or son père chéri
ᾤμωξεν ἐλεεινά,	se lamenta pitoyablement,
λαοὶ δὲ ἀμφὶ	et les peuples à l'entour
εἴχοντο κατὰ ἄστυ	étaient-en-proie par la ville
κωκυτῷ τε καὶ οἰμωγῇ·	aux lamentations et aux gémissemens;
ἔην δὲ ἄρα	et c'était certes
μάλιστα ἐναλίγκιον τῷ,	très semblable à cela,
ὡς εἰ Ἴλιος ἅπασα ὀφρυόεσσα	comme si Ilion entière élevée
σμύχοιτο πυρὶ	fût consumée par le feu
κατὰ ἄκρης.	de-fond-en-comble.
Λαοὶ μέν ῥα ἔχον μόγις	Les peuples certes retenaient à peine
γέροντα ἀσχαλόωντα,	le vieillard étant affligé,

ἐξελθεῖν μεμαῶτα πυλάων Δαρδανιάων.
Πάντας δ' ἐλλιτάνευε, κυλινδόμενος κατὰ κόπρον,
ἐξονομακλήδην ὀνομάζων ἄνδρα ἕκαστον·   415
    « Σχέσθε, φίλοι, καί μ' οἶον ἐάσατε, κηδόμενοί περ,
ἐξελθόντα πόληος, ἱκέσθ' ἐπὶ νῆας Ἀχαιῶν,
λίσσωμ' ἀνέρα τοῦτον ἀτάσθαλον, ὀβριμοεργόν,
ἤν πως ἡλικίην αἰδέσσεται, ἠδ' ἐλεήσῃ
γῆρας. Καὶ δέ νυ τῷδε πατὴρ τοιόσδε τέτυκται·   420
Πηλεύς, ὅς μιν ἔτικτε καὶ ἔτρεφε, πῆμα γενέσθαι
Τρωσί. Μάλιστα δ' ἐμοὶ περὶ πάντων ἄλγε' ἔθηκε·
τόσσους γάρ μοι παῖδας ἀπέκτανε τηλεθάοντας !
Τῶν πάντων οὐ τόσσον ὀδύρομαι, ἀχνύμενός περ,
ὡς ἑνός, οὗ μ' ἄχος ὀξὺ κατοίσεται Ἄϊδος εἴσω,   425
Ἕκτορος. Ὡς ὄφελεν θανέειν ἐν χερσὶν ἐμῇσι !
Τῷ κε κορεσσάμεθα κλαίοντέ τε μυρομένω τε,
μήτηρ θ', ἥ μιν ἔτικτε, δυσάμμορος, ἠδ' ἐγὼ αὐτός. »

lard, qui, dans sa douleur, voulait sortir des portes de la ville de
Dardanus. Il implorait tout le monde, en se roulant dans la fange,
et appelant chacun par son nom

« Arrêtez, mes amis, laissez-moi, malgré votre douleur, sortir
seul de la ville; je veux aller aux vaisseaux des Grecs, et supplier
cet homme funeste et cruel: il respectera mon grand âge, il prendra
pitié de ma vieillesse. Il a un père comme moi: c'est Pélée qui lui
donna le jour et l'éleva pour être le fléau des Troyens. Mais c'est surtout à moi qu'il a fait du mal; il m'a tué tant de fils dans la fleur de
l'âge! Et malgré ma douleur, je les pleure tous moins amèrement
qu'un seul, que mon Hector, dont le chagrin me fera descendre aux
enfers! Ah! que n'est-il mort dans mes bras! Nous l'aurions à loisir
abreuvé de nos sanglots et de nos larmes, sa malheureuse mère et
moi! »

μεμαῶτα ἐξελθεῖν	désirant-vivement être sorti
κυλάων Δαρδανιάων.	des portes Dardaniennes.
Ἐλλιτάνευε δὲ πάντας,	Or il *les* suppliait tous,
κυλινδόμενος κατὰ κόπρον,	se roulant dans le fumier,
ὀνομάζων ἕκαστον ἄνδρα	appelant chaque homme
ἐξονομακλήδην·	par-son-nom :
« Σχέσθε, φίλοι,	« Arrêtez, amis,
κηδόμενοί περ,	quoique étant affligés,
καὶ ἐάσατέ με οἶον,	et ayez laissé moi seul
ἐξελθόντα πόληος,	étant sorti de la ville,
ἱκέσθαι ἐπὶ νῆας Ἀχαιῶν,	être allé aux vaisseaux des Achéens,
λίσσωμαι τοῦτον ἀνέρα,	que je supplie cet homme,
ἀτάσθαλον, ὀβριμοεργὸν,	funeste, commettant-des-violences,
ἤν πως	si en quelque sorte
αἰδέσσεται ἡλικίην,	il respectera *mon* âge,
ἠδὲ ἐλεήσῃ γῆρας.	et aura pris-en-pitié *ma* vieillesse.
Καὶ δέ νυ πατὴρ τοιόσδε	Et en effet aussi un père tel
τέτυκται τῷδε,	est à celui-ci,
Πηλεὺς ὃς ἔτικτε	Pélée qui engendrait
καὶ ἔτρεφέ μιν,	et nourrissait lui,
γενέσθαι	*pour* être devenu
πῆμα Τρωσίν.	fléau aux Troyens.
Ἔθηκε δὲ ἄλγεα ἐμοὶ	Et il a placé des douleurs à moi
περὶ πάντων·	au dessus de tous :
τόσσους γὰρ παῖδας τηλεθάοντας	tant en effet de fils florissants
ἀπέκτανέ μοι!	il a tués à moi !
Ἀχνύμενός περ,	Quoique étant affligé,
οὐκ ὀδύρομαι τῶν πάντων	je ne pleure pas eux tous
ὡς ἑνὸς, Ἕκτορος,	comme un seul, Hector,
οὗ ἄχος ὀξὺ	dont la douleur aiguë
κατοίσεταί με	emportera moi
εἴσω Ἄϊδος.	dans *la demeure* de Pluton.
Ὡς ὄφελε θανέειν	Comme il aurait dû être mort
ἐν ἐμῇσι χερσί!	dans mes mains !
Τῷ κε κορεσσάμεθα	Par là nous nous serions rassasiés
κλαίοντέ τε	et pleurant
μυρομένω τε,	et nous lamentant,
μήτηρ τε δυσάμμορος,	et *sa* mère malheureuse
ἣ ἔτικτέ μιν,	qui enfantait lui,|
ἠδὲ ἐγὼ αὐτός. »	et-aussi moi-même. »

ᾺΩς ἔφατο κλαίων· ἐπὶ δὲ στενάχοντο πολῖται·
Τρωῇσιν δ' Ἑκάβη ἀδινοῦ ἐξῆρχε γόοιο·　　　　　　　　　430

« Τέκνον, ἐγὼ δειλή τί νυ βείομαι, αἰνὰ παθοῦσα,
σεῦ ἀποτεθνηῶτος; Ὅ μοι νύκτας τε καὶ ἦμαρ
εὐχωλὴ κατὰ ἄστυ πελέσκεο, πᾶσί τ' ὄνειαρ
Τρωσί τε καὶ Τρωῇσι κατὰ πτόλιν, οἵ σε, θεὸν ὡς,
δειδέχατ'· ἢ γάρ κέ σφι μάλα μέγα κῦδος ἔησθα,　　　435
ζωὸς ἐών· νῦν αὖ θάνατος καὶ Μοῖρα κιχάνει. »

ᾺΩς ἔφατο κλαίουσ'· ἄλοχος δ' οὔπω τι πέπυστο
Ἕκτορος· οὐ γάρ οἵ τις ἐτήτυμος ἄγγελος ἐλθὼν
ἤγγειλ' ὅττι ῥά οἱ πόσις ἔκτοθι μίμνε πυλάων·
ἀλλ' ἥγ' ἱστὸν ὕφαινε, μυχῷ δόμου ὑψηλοῖο,　　　440
δίπλακα πορφυρέην, ἐν δὲ θρόνα ποικίλ' ἔπασσε.
Κέκλετο δ' ἀμφιπόλοισιν ἐϋπλοκάμοις κατὰ δῶμα
ἀμφὶ πυρὶ στῆσαι τρίποδα μέγαν, ὄφρα πέλοιτο
Ἕκτορι θερμὰ λοετρὰ μάχης ἐκ νοστήσαντι·

Il parlait ainsi, et pleurait. Autour de lui, les citoyens se lamen-
taient aussi. Hécube mena le deuil des Troyennes :

« Mon fils, pourquoi vivrai-je dans le malheur et la peine, maintenant que tu es mort ? Toi qui faisais nuit et jour mon orgueil et ma
joie ; toi, l'appui des Troyens et des Troyennes, qui te montraient
comme un dieu par la ville ! Tu faisais leur gloire, quand tu vivais ;
mais à présent, tu es devenu la proie de la mort et du Destin ! »

Elle parlait ainsi à travers ses larmes. L'épouse d'Hector n'avait
rien appris encore. Il n'était pas venu de fidèle messager pour lui an-
noncer que son mari restait en dehors des portes. Elle filait, retirée
dans sa haute demeure, une robe de pourpre à double trame, où elle
semait différentes broderies. Elle ordonna à ses femmes aux cheveux
bien bouclés de placer un grand trépied devant le feu, et de préparer
un bain pour Hector de retour du combat : insensée ! Elle ne savait

Ἔφατο ὣς κλαίων·   Il dit ainsi pleurant ;
πολῖται δὲ ἐπεστενάχοντο·   et les citoyens pleuraient-en-outre.
Ἑκάβη δὲ   Or Hécube
ἐξῆρχε Τρωῇσι   commença parmi les Troyennes
γόοιο ἀδινοῦ·   un gémissement incessant :
 « Τέκνον, τί νυ   « *Mon* enfant, pourquoi donc
ἐγὼ δειλὴ βείομαι,   moi malheureuse vivrai-je,
παθοῦσα αἰνὰ,   ayant souffert des choses-terribles,
σεῦ ἀποτεθνηῶτος;   toi ayant péri ?
Ὅ πελέσκεό μοι   *Toi* qui étais à moi
εὐχωλὴ κατὰ ἄστυ   un sujet-d'orgueil par la ville
νύκτας τε καὶ ἦμαρ,   et les nuits et le jour,
ὄνειάρ τε πᾶσι   et un secours à tous
Τρωσί τε καὶ Τρωῇσι   et Troyens et Troyennes
κατὰ πτόλιν,   dans la ville,
οἳ δειδέχατό σε   lesquels avaient reçu toi
ὡς θεόν·   comme un dieu :
ἢ γὰρ ἔησθά κέ σφι   car certes tu serais pour eux
κῦδος μάλα μέγα, ἐὼν ζωός· une gloire très grande, étant vivant ;
νῦν αὖ θάνατος   maintenant au contraire la mort
καὶ Μοῖρα κιχάνει. »   et la Destinée *t*'atteint. »
 Ἔφατο ὣς κλαίουσα·   Elle parla ainsi pleurant ;
ἄλοχος δὲ Ἕκτορος   et l'épouse d'Hector
οὔπω πέπυστό τι·   n'avait encore appris rien ;
οὐ γάρ τις ἐλθὼν   car personne étant venu
ἄγγελος ἐτήτυμος   messager véridique
ἤγγειλέν οἱ,   n'annonça à elle,
ὅττι ῥα πόσις οἱ   que certes l'époux à elle
μίμνεν ἔκτοθι πυλάων·   restait en dehors des portes ;
ἀλλὰ ἥγε ὕφαινε,   mais celle-ci tissait,
μυχῷ δόμου ὑψηλοῖο,   au fond de *sa* maison haute,
ἱστὸν, πορφυρέην δίπλακα,   une trame, *robe*-de-pourpre double,
ἐνέπασσε δὲ θρόνα ποικίλα. et *y* entremêlait des reliefs divers.
Κέκλετο δὲ   Or elle avait ordonné
ἀμφιπόλοισιν ἐϋπλοκάμοις   aux suivantes aux-belles-boucles
στῆσαι τρίποδα μέγαν   d'avoir placé un trépied grand
κατὰ δῶμα ἀμφὶ πυρὶ,   dans la maison près du feu,
ὄφρα λοετρὰ θερμὰ   afin que des bains chauds
πέλοιτο Ἕκτορι   fussent à Hector
νοστήσαντι ἐκ μάχης·   étant revenu du combat :

νηπίη ! οὐδ' ἐνόησεν ὅ μιν, μάλα τῆλε λοετρῶν,　　　　445
χερσὶν Ἀχιλλῆος δάμασε γλαυκῶπις Ἀθήνη.
Κωκυτοῦ δ' ἤκουσε καὶ οἰμωγῆς ἀπὸ πύργου·
τῆς δ' ἐλελίχθη γυῖα, χαμαὶ δέ οἱ ἔκπεσε κερκίς·
ἡ δ' αὖτις δμωῇσιν ἐϋπλοκάμοισι μετηύδα·

　　« Δεῦτε, δύω μοι ἕπεσθον, ἴδωμ' ἅτιν' ἔργα τέτυκται·　45ο
αἰδοίης ἑκυρῆς ὀπὸς ἔκλυον· ἐν δ' ἐμοὶ αὐτῇ
στήθεσι πάλλεται ἦτορ ἀνὰ στόμα, νέρθε δὲ γοῦνα
πήγνυται· ἐγγὺς δή τι κακὸν Πριάμοιο τέκεσσιν.
Αἲ γὰρ ἀπ' οὔατος εἴη ἐμεῦ ἔπος ! ἀλλὰ μάλ' αἰνῶς
δείδω μὴ δή μοι θρασὺν Ἕκτορα δῖος Ἀχιλλεὺς,　　455
μοῦνον ἀποτμήξας πόλιος, πεδίονδε δίηται,
καὶ δή μιν καταπαύσῃ ἀγηνορίης ἀλεγεινῆς
ἥ μιν ἔχεσκ'· ἐπεὶ οὔποτ' ἐνὶ πληθυῖ μένεν ἀνδρῶν,
ἀλλὰ πολὺ προθέεσκε, τὸ ὃν μένος οὐδενὶ εἴκων. »

　　Ὣς φαμένη, μεγάροιο διέσσυτο, μαινάδι ἴση,　　　　46ο

pas que, bien loin de ce bain qu'on lui préparait, Minerve aux yeux
bleus l'avait abattu sous les coups d'Achille. Elle entendit les gémissements et les sanglots qui partaient du haut de la tour. Ses membres
chancelèrent, et la navette lui tomba des mains. Elle dit alors à ses
femmes aux belles tresses :

« Venez ici ; que deux d'entre vous me suivent. Je veux voir ce
qui se passe ; j'ai entendu la voix de ma vénérable belle-mère. Mon
cœur bondit dans ma poitrine et semble vouloir s'échapper par ma
bouche ; mes genoux fléchissent. Quelque malheur menace les fils de
Priam. Oh ! que semblable nouvelle ne frappe jamais mon oreille.
Mais je crains bien que le divin Achille ne coupe la retraite au vaillant Hector, et, le poursuivant par la plaine, n'abatte ce grand courage, qui l'animait. Car il ne reste jamais confondu dans la foule des
guerriers ; mais il court toujours en avant, et ne le cède à personne
en valeur. »

Elle dit, et s'élance hors de sa demeure comme une folle, le cœur

νηπιη! οὐδὲ ἐνόησεν
ὃ Ἀθήνη γλαυκῶπις
δάμασέ μιν χερσὶν Ἀχιλλῆος,
μάλα τῆλε λοετρῶν.
Ἤκουσε δὲ ἀπὸ πύργου
κωκυτοῦ καὶ οἰμωγῆς·
γυῖα δὲ τῆς ἐλελίχθη,
κερκὶς δὲ ἔκπεσέν οἱ χαμαί·
ἡ δὲ μετηύδα αὖτις
δμωῇσιν ἐϋπλοκάμοισι·
« Δεῦτε, δύω ἔπεσθόν μοι,
ἴδωμαι
ἅτινα ἔργα τέτυκται·
ἔκλυον ὀπὸς
ἑκυρῆς αἰδοίης·
ἦτορ δὲ πάλλεται
ἐμοὶ αὐτῇ ἐν στήθεσιν
ἀνὰ στόμα,
γοῦνα δὲ
πήγνυται νέρθε·
τὶ δὴ κακὸν ἐγγὺς
τέκεσσι Πριάμοιο.
Αἲ γὰρ ἔπος εἴη
ἀπὸ οὔατος ἐμεῦ!
Ἀλλὰ δείδω μάλα αἰνῶς
μὴ Ἀχιλλεὺς δῖος
δίηταί μοι δὴ πεδίονδε
Ἕκτορα θρασὺν,
ἀποτμήξας μοῦνον πόλιος,
καὶ δὴ καταπαύσῃ μιν
ἀγηνορίης ἀλεγεινῆς
ἣ ἔχεσκέ μιν·
ἐπεὶ οὔποτε μένεν
ἐν πληθυῖ ἀνδρῶν,
ἀλλὰ προθέεσκε πολύ,
εἴκων οὐδενὶ
τὸ ὃν μένος. »
Φαμένη ὥς,
διέσσυτο μεγάροιο,
ἴσῃ μαινάδι,

insensée! et elle n'aperçut pas
que Minerve aux-yeux-bleus
dompta lui par les mains d'Achille,
bien loin des bains.
Mais elle entendit du-haut de la tour
plainte et gémissement;
et les membres d'elle furent ébranlés,
et la navette tomba à elle par-terre;
et elle dit aussitôt
aux servantes aux-belles-tresses :
« Venez-ici, que deux suivent moi,
que j'aie vu
quelles œuvres sont faites :
j'ai entendu la voix
de *ma* belle-mère respectable;
et le cœur bondit
à moi-même dans *ma* poitrine
en haut *jusqu'*à *ma* bouche,
et *mes* genoux
s'engourdissent dessous :
quelque malheur certes *est* près
des enfants de Priam.
Plût-au-ciel que *ce* mot fût
loin de l'oreille de moi !
Mais je crains certes terriblement
que Achille divin
ne poursuive à moi par la plaine
Hector audacieux,
*l'*ayant coupé seul *loin* de la ville,
et que certes il n'ait fait-cesser lui
d'exercer le courage pernicieux
qui possédait lui;
car jamais il ne restait
dans la foule des hommes,
mais il courait-en-avant beaucoup,
ne le-cédant à personne
quant à sa vigueur. »
Ayant parlé ainsi,
elle s'élança de *son* palais,
semblable à une furieuse.

παλλομένη κραδίην· ἅμα δ' ἀμφίπολοι κίον αὐτῇ.
Αὐτὰρ ἐπεὶ πύργον τε καὶ ἀνδρῶν ἷξεν ὅμιλον,
ἔστη παπτήνασ' ἐπὶ τείχεϊ· τὸν δ' ἐνόησεν
ἑλκόμενον πρόσθεν πόλιος· ταχέες δέ μιν ἵπποι
ἕλκον ἀκηδέστως κοίλας ἐπὶ νῆας Ἀχαιῶν.   465
Τὴν δὲ κατ' ὀφθαλμῶν ἐρεβεννὴ νὺξ ἐκάλυψεν·
ἤριπε δ' ἐξοπίσω, ἀπὸ δὲ ψυχὴν ἐκάπυσσε.
Τῆλε δ' ἀπὸ κρατὸς χέε δέσματα σιγαλόεντα,
ἄμπυκα, κεκρύφαλόν τ' ἠδὲ πλεκτὴν ἀναδέσμην,
κρήδεμνόν θ', ὅ ῥά οἱ δῶκε χρυσέη Ἀφροδίτη,   470
ἤματι τῷ ὅτε μιν κορυθαίολος ἠγάγεθ' Ἕκτωρ
ἐκ δόμου Ἠετίωνος, ἐπεὶ πόρε μυρία ἕδνα.
Ἀμφὶ δέ μιν γαλόῳ τε καὶ εἰνατέρες ἅλις ἔσταν,
αἵ ἑ μετὰ σφίσιν εἶχον ἀτυζομένην ἀπολέσθαι.
Ἢ δ' ἐπεὶ οὖν ἄμπνυτο καὶ ἐς φρένα θυμὸς ἀγέρθη,   475
ἀμβλήδην γοόωσα, μετὰ Τρωῇσιν ἔειπεν·

« Ἕκτορ, ἐγὼ δύστηνος ! ἰῇ ἄρα γεινόμεθ' αἴσῃ,

palpitant de crainte. Ses femmes la suivent. Arrivée sur la tour, au milieu des guerriers, elle promène ses regards par-dessus les murailles. Elle aperçoit Hector traîné devant la ville par de rapides coursiers, qui l'emportent impitoyablement vers les vaisseaux creux des Grecs. Les ombres de la nuit voilent ses yeux : elle tombe à la renverse et s'évanouit. De sa tête s'échappent bandeaux magnifiques bandelettes qui nouent les cheveux, filet et réseau qui les retiennent, ainsi que le voile dont lui fit présent Vénus dorée le jour qu'Hector au casque étincelant l'emmena loin du palais de son père Éétion, en lui prodiguant ses trésors. Autour d'elle s'empressent les sœurs de son mari et les femmes de ses frères, qui la soutiennent anéantie, mourante. Lorsqu'elle eut repris ses sens et recueilli son courage, elle s'écria, toute en pleurs, au milieu des Troyennes :

« Hector, que je suis malheureuse ! Nous sommes tous deux nés sous

παλλομένη κραδίην·
ἀμφίπολοι δὲ κίον ἅμα αὐτῇ.
Αὐτὰρ ἐπεὶ ἷξε
πύργον τε καὶ ὅμιλον ἀνδρῶν,
ἔστη ἐπὶ τείχεῖ
παπτήνασα·
ἐνόησε δὲ τὸν
ἑλκόμενον πρόσθε πόλιος·
ἵπποι δὲ ταχέες
ἕλκον μιν ἀκηδέστως
ἐπὶ νῆας κοίλας Ἀχαιῶν.
Νὺξ δὲ ἐρεβεννὴ
ἐκάλυψε τὴν κατὰ ὀφθαλμῶν
ἤριπε δὲ ἐξοπίσω,
ἀπεκάπυσσε δὲ ψυχήν.
Χέε δὲ τῆλε ἀπὸ κρατὸς
δέσματα σιγαλόεντα,
ἄμπυκα,
κεκρύφαλόν τε
ἠδὲ ἀναδέσμην πλεκτὴν κρήδεμνόν
ὅ ῥα Ἀφροδίτη χρυσέη [τε,
δῶκεν οἱ τῷ ἤματι ὅτε
Ἕκτωρ κορυθαίολος
ἠγάγετό μιν
ἐκ δόμου Ἠετίωνος,
ἐπεὶ πόρεν ἔδνα μυρία.
Ἀμφὶ δέ μιν
γαλόῳ τε
καὶ εἰνατέρες
ἔσταν ἅλις,
αἳ εἶχον μετὰ σφίσιν
ἑ ἀτυζομένην ἀπολέσθαι.
Ἐπεὶ δὲ οὖν ἡ ἄμπνυτο,
καὶ θυμὸς ἀγέρθη
ἐς φρένα,
γοόωσα ἀμβλήδην,
ἔειπε μετὰ Τρωῇσιν·
« Ἕκτορ, ἐγὼ δύστηνος!
Γεινόμεθα ἄρα ἀμφότεροι
ἰῇ αἴσῃ,

élant secouée quant au cœur;
et les suivantes allaient avec elle.
Mais lorsque elle arriva
et à la tour et à la foule des hommes,
elle se tint sur le mur
ayant-promené-ses-regards;
et elle aperçut lui
traîné devant la ville;
et les chevaux rapides
traînaient lui sans-pitié
vers les vaisseaux creux des Achéens.
Or une nuit sombre
voila elle sur les yeux;
et elle tomba en-arrière,
et exhala l'âme.
Et elle laissa-tomber loin de *sa* tête
les liens magnifiques,
les bandelettes,
et le réseau *qui retenait ses cheveux*
et le filet tressé et le voile,
que certes Vénus dorée
donna à elle le jour que
Hector au-casque-étincelant
emmena elle
de la maison d'Eétion,
lorsque il donna des cadeaux infinis
Mais autour d'elle
et les sœurs-du-mari
et les femmes-des-frères
se tinrent-debout en-abondance,
lesquelles tenaient parmi elles
elle effrayée à avoir péri.
Or donc lorsque elle eut respiré,
et que le sentiment fut recueilli
dans *son* esprit,
gémissant vivement,
elle dit parmi les Troyennes:
« Hector, moi malheureuse!
Nous naquîmes certes tous-deux
d'une seule *et même* destinée,

ἀμφότεροι, σὺ μὲν ἐν Τροίῃ Πριάμου κατὰ δῶμα,
αὐτὰρ ἐγὼ Θήβῃσιν ὑπὸ Πλάκῳ ὑληέσσῃ ¹,
ἐν δόμῳ Ἠετίωνος, ὅ μ᾿ ἔτρεφε τυτθὸν ἐοῦσαν,   480
δύσμορος αἰνόμορον· ὡς μὴ ὤφελλε τεκέσθαι !
νῦν δὲ σὺ μὲν Ἀΐδαο δόμους, ὑπὸ κεύθεσι γαίης,
ἔρχεαι, αὐτὰρ ἐμὲ στυγερῷ ἐνὶ πένθεϊ λείπεις
χήρην ἐν μεγάροισι· πάϊς δ᾿ ἔτι νήπιος αὔτως,
ὃν τέκομεν σύ τ᾿ ἐγώ τε, δυσάμμοροι· οὔτε σὺ τούτῳ   485
ἔσσεαι, Ἕκτορ, ὄνειαρ, ἐπεὶ θάνες, οὔτε σοὶ οὗτος.
Ἢν γὰρ δὴ πόλεμόν γε φύγῃ πολύδακρυν Ἀχαιῶν,
αἰεί τοι τούτῳ γε πόνος καὶ κήδε᾿ ὀπίσσω
ἔσσοντ᾿· ἄλλοι γάρ οἱ ἀπουρίσσουσιν ἀρούρας.
Ἦμαρ δ᾿ ὀρφανικὸν παναφήλικα παῖδα τίθησι·   490
πάντα δ᾿ ὑπεμμήμυχε, δεδάκρυνται δὲ παρειαί.
Δευόμενος δέ τ᾿ ἄνεισι παῖς ἐς πατρὸς ἑταίρους,
ἄλλον μὲν χλαίνης ἐρύων, ἄλλον δὲ χιτῶνος·

la même étoile; toi dans le palais de Priam, à Troie; moi à Thèbes,
à l'ombre des forêts du Placus, dans la demeure d'Éétion, qui éleva
mon enfance; père infortuné d'une malheureuse fille! Pourquoi m'a-
t-il donné le jour! Toi tu descends maintenant aux enfers, dans les
sombres abîmes de la terre, et me laisses, avec mon triste deuil,
veuve dans nos palais. Et cet enfant, notre fils à tous deux, malheureux que nous sommes! tu ne seras pas son appui, Hector, puisque
te voilà mort, ni lui le tien. Car s'il survit à cette cruelle guerre que
nous font les Grecs, ce ne sera que pour travailler et souffrir. D'autres viendront lui ravir son héritage. Le jour qui le fait orphelin lui
enlève tous ses amis. Il ira les yeux baissés et les joues baignées de
larmes. Enfant, il ira mendier chez les amis de son père, tirant l'un
par son manteau, l'autre par sa tunique. Par pitié, ils lui présenteront

σὺ μὲν ἐν Τροίῃ	toi à la vérité dans Troie
κατὰ δῶμα Πριάμου,	dans la maison de Priam,
αὐτὰρ ἐγὼ Θήβῃσιν	mais moi à Thèbes
ὑπὸ Πλάκῳ ὑληέσσῃ,	sous le Placus boisé,
ἐν δόμῳ Ἠετίωνος,	dans la maison d'Eétion,
ὁ δύσμορος ἔτρεφε	lequel malheureux nourrissait
μὲ αἰνόμορον ἐοῦσαν τυτθόν·	moi misérable, étant toute-petite :
ὡς ὤφελλε	comme il devait
μὴ τεκέσθαι !	ne m'avoir pas engendrée !
Νῦν δὲ σὺ μὲν ἔρχεαι	Mais maintenant toi tu vas
δόμους Ἀΐδαο,	*dans* les demeures de Pluton,
ὑπὸ κεύθεσι γαίης,	sous les cachettes de la terre,
αὐτὰρ λείπεις ἐμὲ	cependant tu laisses moi
χήρην ἐν μεγάροισιν	veuve dans les palais
ἐνὶ πένθεϊ στυγερῷ·	dans un deuil odieux ;
παῖς δὲ ἔτι νήπιος αὔτως,	et l'enfant encore sans-parole tout-à-
ὃν τέκομεν	que nous engendrâmes [fait
σύ τε ἐγώ τε δυσάμμοροι	et toi et moi malheureux :
οὔτε σὺ ἔσσεαι	tu ne seras pas non plus
ὄνειαρ τούτῳ, Ἕκτορ,	utilité à celui-ci, Hector,
ἐπεὶ θάνες,	puisque tu es mort,
οὔτε οὗτος σοί.	ni celui-ci à toi.
Ἢν γὰρ δὴ φύγῃ γε	Car si certes il a fui du moins
πόλεμον πολύδακρυν	la guerre aux-nombreuses-larmes
Ἀχαιῶν,	des Achéens,
πόνος γε καὶ κήδεα	fatigue et douleurs
ἔσσονται αἰεί τοι τούτῳ	seront toujours certes à celui-ci
ὀπίσσω·	dans la suite ;
ἄλλοι γὰρ ἀπουρίσσουσίν οἱ	car d'autres ôteront-les-bornes à lui
ἀρούρας.	à *ses* champs.
Ἦμαρ δὲ ὀρφανικὸν	Et le jour qui-fait-l'orphelin
τίθησι παῖδα	place l'enfant
παναφήλικα·	privé de-tous-ses-amis ;
ὑπεμμήμυκε δὲ πάντα,	et il a *les yeux* baissés en-tout,
παρειαὶ δὲ δεδάκρυνται.	et *ses* joues ont été noyées-de-larmes.
Παῖς δὲ δευόμενος	Et l'enfant étant-dans-le-besoin
ἄνεισί τε ἐς ἑταίρους πατρός,	monte chez les amis de *son* père,
ἐρύων ἄλλον μὲν χλαίνης,	tirant l'un par le manteau
ἄλλον δὲ χιτῶνος·	l'autre par la tunique ;

τῶν δ' ἐλεησάντων κοτύλην τις τυτθὸν ἐπέσχε,
χείλεα μέν τ' ἐδίην', ὑπερώην δ' οὐκ ἐδίηνε.   495
Τὸν δὲ καὶ ἀμφιθαλὴς ἐκ δαιτύος ἐστυφέλιξε,
χερσὶν πεπληγὼς καὶ ὀνειδείοισιν ἐνίσσων·
ἔρρ' οὕτως· οὐ σός γε πατὴρ μεταδαίνυται ἡμῖν. —
Δακρυόεις δέ τ' ἄνεισι πάϊς ἐς μητέρα χήρην,
Ἀστυάναξ, ὃς πρὶν μὲν ἑοῦ ἐπὶ γούνασι πατρὸς   500
μυελὸν οἶον ἔδεσκε καὶ οἰῶν πίονα δημόν·
αὐτὰρ ὅθ' ὕπνος ἕλοι, παύσαιτό τε νηπιαχεύων,
εὕδεσχ' ἐν λέκτροισιν, ἐν ἀγκαλίδεσσι τιθήνης,
εὐνῇ ἔνι μαλακῇ, θαλέων ἐμπλησάμενος κῆρ·
νῦν δ' ἂν πολλὰ πάθῃσι, φίλου ἀπὸ πατρὸς ἁμαρτών,   505
Ἀστυάναξ, ὃν Τρῶες ἐπίκλησιν καλέουσιν·
οἷος γάρ σφιν ἔρυσο πύλας καὶ τείχεα μακρά.
Νῦν δὲ σὲ μὲν παρὰ νηυσὶ κορωνίσι, νόσφι τοκήων,
αἰόλαι εὐλαὶ ἔδονται, ἐπεί κε κύνες κορέσωνται,
γυμνόν· ἀτάρ τοι εἵματ' ἐνὶ μεγάροισι κέονται,   510
λεπτά τε καὶ χαρίεντα, τετυγμένα χερσὶ γυναικῶν.

une petite coupe, où il trempera ses lèvres sans mouiller son palais.
Quelque enfant de son âge, fort de l'appui de son père et de sa mère,
le chassera de la salle du festin, en le frappant et en le poursuivant de
cet outrage : « Va-t'en, maudit; ton père n'est pas admis à notre
table. » Et l'orphelin s'en ira pleurer sur le sein de la veuve, lui, Astyanax, qui naguère, assis sur les genoux de son père, ne mangeait
que la moelle et la graisse délicate des brebis; lui qui, lorsque le
sommeil le prenait et qu'il cessait de jouer, reposait dans les bras de
sa nourrice ou dans une couche moelleuse, et s'endormait le cœur
plein de joie. Maintenant il va bien souffrir, abandonné de son père,
mon fils Astyanax, comme l'appellent les Troyens ! C'est qu'à toi
seul tu soutenais les portes et les grandes murailles d'Ilion ! A présent
tu vas près des navires recourbés, loin de tes parents, devenir la
proie des vers qui fourmillent, quand les chiens auront à loisir déchiré ton cadavre. Des vêtements de fine et gracieuse étoffe filés par
les mains des femmes, t'attendaient dans nos palais; mais nous les

τὶς δὲ τῶν ἐλεησάντων — et quelqu'un de ceux ayant eu-pitié
ἐπέσχε κοτύλην τυτθόν, — tendit à lui une coupe petite,
ἐδίηνέ τε μὲν χείλεα, — et il mouilla ses lèvres à la vérité,
οὐκ ἐδίηνε δὲ ὑπερῴην. — mais il ne mouilla pas son palais.
Καὶ ἀμφιθαλὴς δὲ — Et celui-qui-a-père-et-mère
ἐστυφέλιξε τὸν ἐκ δαιτύος, — chassa-rudement lui du repas,
πεπληγὼς χερσὶ, — l'ayant frappé de ses mains,
καὶ ἐνίσσων ὀνειδείοισιν· — et le réprimandant avec des outrages :
« Ἔρρε οὕτως· — « Va-t'en-maudit ainsi ;
σός γε πατὴρ — ton père certes
οὐ μεταδαίνυται ἡμῖν. » — — n'est pas admis-au-repas-avec nous. »
Παῖς τε δακρυόεις — Et l'enfant éploré
ἄνεισι δὲ ἐς μητέρα χήρην, — monte chez sa mère veuve,
Ἀστυάναξ, — Astyanax,
ὃς πρὶν μὲν — qui auparavant à la vérité
ἐπὶ γούνασιν ἑοῦ πατρὸς — sur les genoux de son père
ἔδεσκε μυελὸν οἶον — mangeait la moelle seule
καὶ ὀημὸν πίονα οἰῶν· — et la graisse grasse des brebis ;
αὐτὰρ ὅτε ὕπνος ἕλο., — mais lorsque le sommeil l'eut pris,
παύσαιτό τε νηπιαχεύων, — et qu'il cessait de jouer-enfant,
εὕδεσκεν ἐν λέκτροισιν, — il dormait dans son lit,
ἐν ἀγκαλίδεσσ· τιθήνης, — dans les bras de sa nourrice,
ἐνὶ εὐνῇ μαλακῇ, — dans une couche moelleuse,
ἐμπλησάμενος κῆρ θαλέων· — ayant rempli son cœur de délices :
νῦν δὲ — mais à présent
ἂν πάθῃσι πολλά, — il pourra-souffrir beaucoup,
ἁμαρτὼν ἀπὸ πατρὸς φίλου, — manquant de son père chéri,
Ἀστυάναξ, — Astyanax,
ὃν Τρῶες καλέουσιν ἐπίκλησιν· — que les Troyens appellent de ce nom;
ἔρυσο γὰρ οἶός σφιν — car tu défendais seul pour eux
πύλας καὶ τείχεα μακρά. — les portes et les murailles grandes.
Νῦν δὲ — Mais à présent
εὐλαὶ αἰόλαι — les vers toujours-en-mouvement
ἔδονται μέν σε γυμνὸν — mangeront toi nu
παρὰ νηυσὶ κορωνίσι, — près des vaisseaux recourbés,
νόσφι τοκήων, — loin de tes parens,
ἐπεί κε κύνες κορέσωνται· — après que les chiens seront rassasiés :
ἀτὰρ ἐνὶ μεγάροισι κέονταί τοι — or dans les palais gisent à toi
εἵματα λεπτά τε καὶ χαρίεντα, — des vêtemens et fins et gracieux
τετυγμένα χερσὶ γυναικῶν. — faits par les mains des femmes.

Ἀλλ᾽ ἤτοι τάδε πάντα καταφλέξω πυρὶ κηλέῳ,
οὐδὲν σοίγ᾽ ὄφελος, ἐπεὶ οὐκ ἐγκείσεαι αὐτοῖς,
ἀλλὰ πρὸς Τρώων καὶ Τρωϊάδων κλέος εἶναι. »

     Ὡς ἔφατο κλαίουσ᾽ · ἐπὶ δὲ στενάχοντο γυναῖκες.   515

livrerons tous à la flamme dévorante; et puisqu'ils ne peuvent plus te
servir, et que tu ne les porteras plus, nous t'en ferons hommage au
nom des Troyens et des Troyennes ! »

    Elle dit en fondant en larmes; et ses femmes gémissent autour
d'elle.

Ἀλλὰ ἤτοι καταφλέξω   Mais certes je brûlerai
πυρὶ κηλέω   . par le feu ardent
τάδε πάντα,   ces-choses entières,
οὐδὲν ὄφελος σοίγε,   *n'étant* d'aucune utilité à toi,
ἐπεὶ οὐκ ἐγκείσεαι   puisque tu ne coucheras-pas
αὐτοῖς,   dans elles,
ἀλλὰ εἶναι κλέος   mais *elles doivent* être gloire *à toi*.
πρὸς Τρώων   de la part des Troyens
καὶ Τρωϊάδων. »   et des Troyennes. »
 Ἔφατο ὥς κλαίουσα·   Elle dit ainsi pleurant :
γυναῖκες δὲ ἐπεστενάχοντο.   et les femmes se lamentaient-aussi.

NOTES

SUR LE VINGT-DEUXIÈME CHANT DE L'ILIADE.

———

Le vingt-deuxième chant est plein d'un pathétique simple et sublime à la fois. Les prières du vieux Priam, les larmes d'Hécube, la généreuse résolution d'Hector, sa bravoure, ses malheurs, son délaissement, les regrets de tout un peuple, et surtout les nobles gémissements d'Andromaque, forment une suite de tableaux empreints de la plus profonde douleur.

Virgile a fait à ce chant d'Homère de nombreux emprunts, mais toujours en homme de génie, avec l'esprit et l'élégance qui conviennent à sa manière et à son époque. On ne trouvera ici d'indiqués que les plus saillants.

Page 10.— 1. Μήτηρ δ' αὖθ' ἑτέρωθεν, etc. Hécube joignant ses prières à celles de Priam, c'est Amate s'adressant à Turnus (Virgile, *Énéide*, livre XII, vers 55).

Page 14.— 1. Ὀχθήσας δ' ἄρα εἶπε, etc. Le monologue d'Hector, resté seul au pied des murs de Troie après la défaite de ses troupes, était sans doute présent à l'esprit de Virgile composant le discours qu'il prête à Turnus au XIIᵉ livre de l'*Énéide*, vers 632.

Page 16. — 1. Οὐ μέν πως νῦν ἔστιν ἀπὸ δρυὸς οὐδ' ἀπὸ πέτρης τῷ ὀαριζέμεναι, ἅτε παρθένος ἠίθεός τε. *Ce n'est pas ici le moment de m'entretenir avec lui, comme, au sortir d'un chêne et d'un rocher, un jeune homme et une jeune fille.* Ce passage peut être, et a été en effet interprété de différentes manières. Les uns disent, en faisant ἀπό synonyme de περί, *de, touchant,* av. le gén. : « Ce n'est plus le temps de s'entretenir ici du chêne ou du rocher, » *c'est-à-dire :* il ne s'agit pas d'une question indifférente. D'autres traduisent : « Du haut d'un chêne ou d'un rocher, » expression proverbiale qui ferait allusion au temps où les mortels, encore dans l'état de nature, vivaient entre eux sans méfiance, et habitaient sur des chênes ou sur des rochers. Une autre tradition antique, qui faisait naître les premiers hommes des chênes et des rochers, semble avoir autorisé d'autres traducteurs à faire ici ἀπό synonyme de ἐκ, et à traduire : « *comme au sortir d'un chêne et d'un rocher.* » En forçant encore un peu la signification de la préposition ἀπό, on trouverait un sens beaucoup plus simple, et qui semblerait justifié par le vers qui suit. On pourrait traduire ainsi : « Ce n'est pas ici le moment de m'entretenir avec lui, comme un jeune homme et une jeune fille, à l'ombre d'un chêne ou à l'abri d'une grotte : jeune homme et jeune fille s'entretiennent volontiers ensemble. » Mais on serait peut-être moins hardi et plus consciencieux, en laissant à la préposition ἀπό une acception plus conforme à l'emploi qu'on en fait ordinairement, et en rattachant ce sens à une tradition, qui ferait de cette phrase un proverbe dont nous avons perdu la clef. — Cependant elle équivaudrait à celle-ci : *Comme des jeunes gens inconnus, les premiers venus, qui se rencontrent, et qui, sans s'être jamais vus, sont naturellement disposés à s'entretenir.*

Page 18. — 1. Ἠύτε κίρκος ὄρεσφιν, etc. Cette comparaison de l'épervier ou autour, employée plusieurs fois par Homère, se trouve reproduite par Virgile (*Énéide*, livre XI, vers 721).

Page 18. — 1. Οἱ δὲ παρὰ σκοπιὴν καὶ ἐρινεὸν ἠνεμόεντα τείχεος αἰὲν ὑπὲκ κατ' ἀμαξιτὸν ἐσσεύοντο. *Ils couraient, laissant derrière eux le guet et le figuier battu des vents, par le chemin qui s'avance jusque sous les remparts.* Σκοπιή, ῆς, ion. pour σκοπιά, tout endroit élevé, *d'où la vue peut se porter au loin.* Tour, guet, observatoire ; *dans Homère*, c'est ordinairement, *éminence, hauteur.* Ici c'est particulièrement le *Guet*, endroit situé près d'Ilion. On suppose aussi que ἐρινεὸν ἠνεμόεντα est *la partie pour le tout* et signifie *une colline plantée de figuiers*, située non loin de la ville.

Page 24. — 1. ...Τριτογένεια, *née de Triton.* Homère appelle ainsi Minerve, parce que Triton, torrent près d'Alalcomènes en Béotie, passait pour avoir été le berceau de son culte.

Page 26. — 1. Καὶ τότε δὴ χρύσεια, etc. Cette image des *balances éternelles*, souvent employée dans l'Ecriture sainte, a été souvent reproduite chez les anciens et les modernes. Voyez entre autres Virgile (*Énéide*, livre XII, vers 725).

Page 38. — 1. Ὢ πόποι, ἦ μάλα δή με, etc. Rien de plus touchant que ce discours d'Hector, qui ne doute plus lui-même de sa mort. Tout le ciel est conjuré contre lui ; Apollon ni Jupiter ne lui prêtent plus aucun secours ; sa vie est sans ressource ; il n'a désormais qu'à défendre sa gloire ; et telle est aussi sa dernière pensée. Quel noble élan d'une âme généreuse dans cette pensée qui préoccupe le héros troyen à sa dernière heure, et ne lui laisse entrevoir qu'une occasion de faire éclater son courage et de vivre dans la mémoire des hommes.

Page 38. — 2. Νῦν δὲ δὴ ἐγγύθι μοι, etc. Cette exclamation d'Hector sûr de sa perte, rappelle celle de Turnus à sa sœur dans Virgile (*Énéide*, livre XII, vers 676).

Page 40. — 1. Οἶος δ' ἀστὴρ εἶσι μετ' ἄστρασι νυκτὸς ἀμολγῷ °Ἕσπερος.... *Tel on voit briller au ciel, dans l'ombre de la nuit, Vesper...* ἕσπερος, l'étoile du matin, l'étoile du soir, l'étoile du berger, Vénus enfin. C'est elle qui brille la première à travers les ombres croissantes du crépuscule. — Νυκτὸς ἀμολγῷ, *c'est-à-dire :* à l'heure de la nuit où l'on trait. Cette heure est incertaine : c'est tantôt le soir, tantôt le matin, dans Homère; c'est le crépuscule du soir ou du matin. D'autres veulent que ce soit un vieux mot grec, qui réponde au sens de ἀκμή, et signifie : *au plus fort, au milieu, au point culminant de la nuit.* Il est prudent de préférer le sens qui se rattache à une étymologie certaine.

Page 42. — 1. Ἦριπε δ' ἐν κονίῃς· etc. La mort d'Hector a été imitée par Virgile dans le tableau de la chute de Mézence et dans sa dernière prière (*Énéide*, livre X, vers 900).

Page 46. — 1. Ὦ φίλοι, Ἀργείων, etc. Le discours d'Achille aux Grecs après sa victoire sur Hector, se retrouve en partie pour le fond dans les paroles qu'Énée, vainqueur de Mézence, adresse à ses troupes au moment où il prépare le cortége funèbre de Pallas (*Énéide*, livre XI, vers 12).

Page 48. — 1. Κεῖται πὰρ νήεσσι, etc. Achille, sur le point de pénétrer dans Troie et s'arrêtant au milieu de sa victoire pour rendre les honneurs funèbres à son ami, rappelle Énée annonçant la célébration des funérailles d'Anchise (Virgile, *Énéide*, livre V, vers 45).

— 2. Νῦν δ' ἄγ' ἀείδοντες Παιήονα], κοῦροι Ἀχαιῶν.... .... *Allons! chantez maintenant l'hymne d'allégresse, jeunes Grecs.* Le *Péan* était un chant en l'honneur d'Apollon, qu'on invoquait particulièrement pour faire cesser la contagion. Ce mot a pour racine πάω, synonyme de παύω. Il signifie en général hymne de joie, d'allégresse.

— 3. Ἦ ῥα, καὶ Ἕκτορα, etc. Toute cette longue et belle scène d'Achille exerçant une atroce vengeance sur les restes d'Hector, de la famille de Priam en proie à la désolation, a été imitée par Virgile (*Énéide*, livre XII).

Page 50. — 1. Κωκυτῷ τ' εἴχοντο, etc. La désolation de Priam à la

vue d'Hector rappelle celle de Lavinie et de Latinus à la nouvelle de
la mort tragique d'Amate (Virgile, *Énéide*, livre XII, vers 605).

Les heureuses et intelligentes imitations de Virgile ne se bornent
pas à celles qui viennent d'être indiquées ; il y en a beaucoup d'autres
dont le détail serait ici trop long. Une simple lecture du XIIe livre de
l'*Énéide* les fera d'ailleurs facilement saisir.—Turnus aux prises avec
Énée, c'est Hector soutenant contre Achille une lutte fatalement iné-
gale.

Page 60. — 1. Αὐτὰρ ἐγὼ Θήβησιν ὑπὸ Πλάκῳ ὑληέσσῃ..... *Et moi
à Thèbes, à l'ombre des forêts du Placus.* Il s'agit ici d'une Thèbes
située dans la Troade, au pied du mont Placus, en Mysie.

Il n'y a rien de plus touchant que ces plaintes d'Andromaque, tra-
çant le tableau de la vie qui attend l'orphelin. Il y respire un sentiment plein de vérité : c'est d'un côté l'émotion navrante qui gonfle le
sein de cette pauvre mère, à l'idée de l'avenir réservé à son fils ; c'est
de l'autre, un enfant qui se réfugie dans le sein de la veuve, qui va
cacher ses chagrins dans les bras de sa mère impuissante à le défendre ; isolé, maltraité, rebuté..... tandis qu'autrefois il s'endormait
plein de sécurité aux bras de sa nourrice, le cœur calme et satisfait,
sous les yeux de son père et de sa mère... Tous ces détails si vrais, si
naturels, sont difficiles à exprimer dans une traduction, et ne devraient
se lire que dans l'original, où ces beautés de sentiment se montrent
mieux sous les formes d'un langage moins raffiné que le nôtre.

LIBRAIRIE HACHETTE ET CIE

Boulevard Saint-Germain, 79, à Paris

NOUVELLE COLLECTION

DE CLASSIQUES

GRECS, LATINS, FRANÇAIS ET ÉTRANGERS

A L'USAGE DES ÉLÈVES.

Format petit in-16 cartonné.

(LES NOMS DES ANNOTATEURS SONT INDIQUÉS ENTRE PARENTHÈSES.)

LANGUE GRECQUE

Plutarque : *Vie de Cicéron* (Graux)............................ 1 fr.
— *Vie de Démosthènes* (Graux)............................ 1 fr.
— *Morceaux choisis des biographies* (Talbot), 2 vol. : 1° les Grecs illustres, 1 vol., 2 fr.; 2° les Romains, 1 vol................ 2 fr.
— *Morceaux choisis des Œuvres morales* (V. Bétholaud)..... 2 fr.
Sophocle : *Théâtre* (Tournier); *Ajax; Antigone; Electre; Œdipe roi; Œdipe à Colone; Philoctète; Trachiniennes*. Chaque tragédie... 1 fr.
— *Morceaux choisis du théâtre* (Tournier)................. 2 fr.
Thucydide : *Morceaux choisis* (Croiset, maître de conférences à la Faculté des lettres de Paris).... .... 2 fr.
Xénophon : *Economique* (Graux et Jacob)........... 1 fr. 50 c.
— *Mémorables*, livre I (Lebègue)......................... 1 fr.
— *Extraits des Mémorables* (Jacob)...................... » »
— *Morceaux choisis* (de Parnajon)....................... 2 fr

LANGUE LATINE

Cicéron : *Extraits des principaux discours* (F. Ragon). 2 fr. 50
— *Extraits des ouvrages de rhétorique* (V. Cucheval, professeur de rhétorique au lycée Fontanes)...................... 2 fr.
— *Choix de lettres* (V. Cucheval)........................ 2 fr.
— *De amicitia* (E. Charles, recteur de l'Académie de Lyon). 50 c.
— *De finibus libri I et II* (E. Charles)................. 1 fr. 50 c.
— *De legibus liber I* (Lucien Lévy)..................... 75 c.
— *De natura deorum* (Thiaucurt)..................... 1 fr. 50 c.
— *De re publica* (E. Charles)........................ 1 fr. 50 c.
— *De senectute* (E. Charles)........................... 40 c.
— *De suppliciis* (E. Thomas)........................ 1 fr. 50 c.
— *De signis* (E. Thomas)............................. » »
— *In M. Antonium philippica secunda* (Gantrelle)..... .... 1 fr.
— *In Catilinam orationes quatuor* (A. Noël) .... 60 c.
— *Orator* (C. Aubert)................................... 1 fr.
— *Pro Archia poeta* (E. Thomas)....................... 30 c.
— *Pro lege Manilia* (A. Noël)......................... 30 c.
— *Pro Ligario* (A. Noël).............................. 30 c.
— *Pro Marcello* (A. Noël)............................. 30 c.
— *Pro Milone* (A. Noël)............................... 40 c.
— *Pro Murena* (A. Noël).............................. 40 c.
— *Somnium Scipionis* (V. Cucheval).................... 30 c.
Cornelius Nepos (Monginot, prof. au lycée Fontanes)... 90 c.
Heuzet : *Selectæ e profanis scriptoribus* (Lemaire).. 1 fr. 75 c.
Jouvency : *Appendix de diis et heroïbus* (Esdeline)...... 70 c.
Lhomond : *De viris illustribus Romæ* (Chaine)........ 1 fr. 10
— *Epitome historiæ sacræ* (A. Pressard)................. 60 c.
Lucrèce : *De la Nature*, 5e livre (Benoist et Lantoine)... 90 c.
— *Morceaux choisis* (Poyard)........................ . 1 fr. 50 c.
Ovide : *Morceaux choisis des Métamorphoses* (Armengaud) 1 fr. 80 c.
Pères de l'Eglise latine (Nourrisson)............ . 2 fr. 25 c.
Phèdre : *Fables* (E. Talbert)....................... 80 c.
Plaute : *La Marmite* (*Aulularia*) (Benoist, professeur à la Faculté des lettres de Paris)........................ 80 c.
— *Morceaux choisis* (Benoist)......................... 2 fr.
Pline le Jeune : *Choix de lettres* (Waltz)......... 1 fr. 80 c.
Quinte-Curce (Dosson)............................ 2 fr. 25 c.
Quintilien : *Institutions oratoires*, Xe livre (Dosson). 1 fr. 50 c.
Salluste (Lallier)................................... 1 fr. 80 c.

Sénèque : *De vita beata* (Delaunay)................. ...... 15 c.
— *Lettres à Lucilius, I à XVI* (Aubé)......... .... 75 c.
Tacite : *Annales* (E. Jacob, professeur de rhétorique au lycée
  Louis le Grand)................................. 2 fr. 50 c.
— *Histoires, liv. I et II* (Goelzer)..................... 1 fr. 80 c.
— *Vie d'Agricola*, (E. Jacob)........................... 75 c.
Térence : *Adelphes* (Psichari et Benoist)............... 80 c.
Tite-Live : *Livres XXVI et XXVII* (Riemann et Benoist).. ... 2 fr.
— *Livres XXIII, XXIV et XXV*............... .... 2 fr. 25 c.
— *Livres XXVI à XXX*.. » »
Virgile : *Œuvres* (Benoist)........................: ... 2 fr. 25 c.

LANGUE FRANÇAISE

Boileau : *Œuvres poétiques* (E. Geruzez)............ 1 fr. 50 c.
— *L'Art poétique*, séparément....................... 40 c.
Bossuet : *Connaissance de Dieu* (de Lens).......... 1 fr. 60 c.
— *Sermons choisis* (Rébelliau)...................... 3 fr
Buffon : *Discours sur le style*...................... 30 c.
— *Morceaux choisis* (E. Dupré).................. 1 fr. 50 c.
Chanson de Roland et Joinville : *Extraits* (G. Paris)... » »
Corneille : *Cinna* (Petit de Julleville).................... 1 fr.
— *Horace* (Petit de Julleville)...................... » »
— *Le Cid* (Petit de Julleville)...................... » »
— *Nicomède* (Petit de Julleville)..... .... 1 fr.
— *Le Menteur* (Lavigne)........................... 1 fr.
Descartes : *Discours de la méthode; première méditation* (Char-
  pentier, professeur au lycée Louis le Grand)........ 1 fr. 50 c.
— *Principes de la philosophie, livre I* (Charpentier).. 1 fr. 50 c.
Fénelon : *Fables* (Ad. Régnier, de l'Institut)............. 75 c.
— *Sermon pour la fête de l'Epiphanie* (G. Merlet)........ 60 c.
— *Télémaque* (A. Chassang)....................... 1 fr. 80 c.
Florian : *Fables* (Geruzez)........................... 75 c.
Joinville : *Histoire de saint Louis* (Natalis de Wailly, membre
  de l'Institut).. 2 fr.
— *Extraits*, voy. *Chanson de Roland.*
La Fontaine : *Fables* (E. Géruzez)................. 1 fr. 60 c.
Lamartine : *Morceaux choisis*..................... 2 fr.
Leibniz : *Extraits de la Théodicée* (P. Janet)....... 2 fr. 50 c.
— *Monadologie* (H. Lachelier)..................... 1 fr.
— *Nouveaux Essais* (Lachelier)..................... 1 fr. 75 c.
Molière : *L'Avare* (Lavigne)....................... 1 fr.
— *Le Tartuffe* (Lavigne).......................... 1 fr.
— *Le Misanthrope* (Lavigne)...................... 1 fr.
— *Les Femmes savantes* (Larroumet)............... » »
Pascal : *Opuscules* (C. Jourdain)................... 75 c.
Racine : *Andromaque* (Lavigne).................... 75 c.
— *Les Plaideurs* (Lavigne)........................ 75 c.
— *Esther* (Lanson).................................. 1 fr.
— *Iphigénie* (Lanson).............................. 1 fr.
Sévigné : *Lettres choisies* (Ad. Régnier)............ 1 fr. 80 c.
Théâtre classique (Ad. Régnier, de l'Institut)............ 3 fr.
Voltaire : *Lettres choisies* (Brunel)................ 2 fr. 25 c.

LANGUE ALLEMANDE

Auerbach : *Récits villageois de la Forêt-Noire* (B. Lévy)... 3 fr.
Benedix : *Le Procès* (Lange).......................... 60 c.
— *L'Entêtement* (Lange)...................... .... 60 c.

Chamisso : *Pierre Schlemihl* (Koell)...................... 1 fr.
**Contes et Morceaux choisis de Schmid, Krummacher,
Liebeskind, Lichtwer, Hebel, Herder et Campe** (Scherdlin,
professeur au lycée Charlemagne)...................... 2 fr.
**Contes populaires tirés de Grimm, Musæus, Andersen
et des *Feuilles de palmier* par Herder et Liebeskind**
(Scherdlin)... 3 fr.
Gœthe : *Iphigénie en Tauride* (B. Lévy)............. 1 fr. 50 c.
— *Campagne de France* (B. Lévy).................... 1 fr. 50 c.
— *Faust*, 1ʳᵉ partie (Büchner)........................ 2 fr.
— *Le Tasse* (B. Lévy)............................. 1 fr. 80 c.
— *Morceaux choisis* (B. Lévy)...................... 3 fr.
Hoffmann : *Le Tonnelier de Nuremberg* (Bauer).......... 2 fr.
Kleitz (de) : *Michael Kohlhaas* (Koch).................. » »
Lessing : *Laocoon* (B. Lévy)......................... 2 fr.
— *Extraits des lettres sur la littérature moderne et des lettres
archéologiques* (Cottler, professeur au lycée Charlemagne). 2 fr.
— *Extraits de la Dramaturgie* (Cottler)............. 1 fr. 50 c.
— *Minna de Barnhelm* (B. Lévy)..................... 1 fr. 50 c.
Niebuhr : *Histoires tirées des temps héroïques de la Grèce*
(Koch, professeur au lycée Saint-Louis) .... 1 fr. 50 c.
Schiller : *Guerre de Trente ans* (Schmidt et Leclaire) 2 fr. 50 c.
— *Histoire de la révolte des Pays-Bas* (Lange)....... 2 fr. 50 c.
— *Jeanne d'Arc* (Bailly).......................... 2 fr. 50 c.
— *Fiancée de Messine* (Scherdlin)................... 1 fr. 50 c.
— *Wallenstein*, poème dramatique en 3 parties (Cottler) 2 fr. 50 c.
— *Oncle et Neveu* (Briois, professeur au lycée de Rouen).... 1 fr.
— *Morceaux choisis* (B. Lévy)...................... 3 fr.
Schiller et Gœthe : *Correspondance* (B. Lévy)........... 3 fr.
Schmid : *Cent petits Contes* (Scherdlin)............. 1 fr. 50 c.
— *Les Œufs de Pâques* (Scherdlin).................. 1 fr. 50 c.

LANGUE ANGLAISE

Byron : *Childe Harold* (E. Chasles)...................... 2 fr.
Cook : *Extraits des Voyages* (Angellier)................ 2 fr.
Edgeworth : *Forester* (Al. Beljame)............... 1 fr. 50 c.
— *Contes choisis* (Motheré, prof. au lycée Charlemagne).... 2 »
Eliot (G.) : *Silas Marner* (A. Malfroy).................... » »
Foë (Daniel de) : *Robinson Crusoé* (Al. Beljame)...... 1 fr. 80 c.
Goldsmith : *Le Vicaire de Wakefield* (A. Beljame)... 1 fr. 50 c.
— *Le Voyageur ; le Village abandonné* (Motheré).......... 75 c.
— *Essais choisis* (Mac Enery, prof. au lycée Fontanes) 1 fr. 50 c.
Irving (Washington) : *Extraits de la Vie de Christophe Colomb*
(E. Chasles, inspecteur général de l'Université).......... 2 fr.
Macaulay : *Morceaux choisis des Essais* (Beljame).. 2 fr. 50 c.
— *Morceaux choisis de l'Histoire d'Angleterre* (Battier)..... 2 fr.
Milton : *Paradis perdu, livres I et II* (Beljame)......... 90 c.
Pope : *Essai sur la critique* (Motheré)................. 75 c.
Shakespeare : *Jules César* (C. Fleming)............ 1 fr. 25 c.
— *Henri VIII* (Morel, prof. au lycée Louis le Grand) . 1 fr. 25 c.
— *Othello* (Morel)................................. 1 fr. 50 c.
Tennyson : *Enoch Arden* (Beljame).................... » »
Walter Scott : *Extraits des Contes d'un grand-père* (Talandier,
ancien professeur au lycée Henri IV)............... 1 fr. 50 c.
— *Morceaux choisis* (Battier) .... 3 fr.

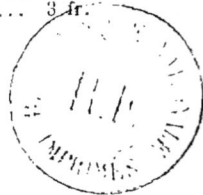

PARIS — IMPRIMERIE A. LAHURE

9, rue de Fleurus, 9

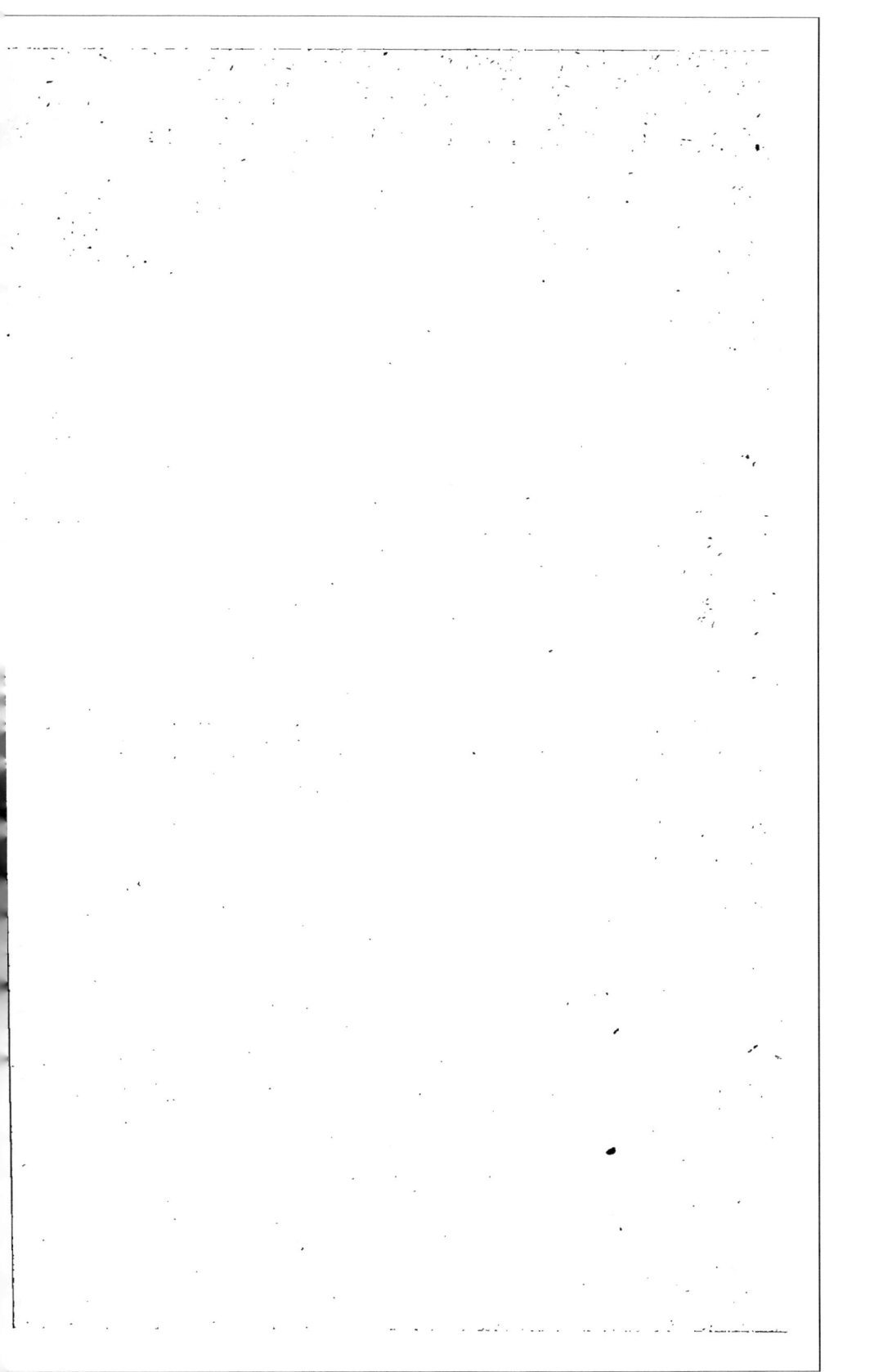

TRADUCTIONS JUXTALINÉAIRES
DES PRINCIPAUX AUTEURS CLASSIQUES GRECS
FORMAT IN-16.

Cette collection comprend les principaux auteurs qu'on explique dans les classes :

ARISTOPHANE : Plutus. 2 fr. 25 c.
— Morceaux choisis de M. Poyard. 6 fr.
ARISTOTE : Morale à Nicomaque, livre VIII. 1 fr. 50 c.
— Livre X. 1 fr. 50 c.
— Poétique. 2 fr. 50 c.
BABRIUS : Fables. 4 fr.
BASILE (Saint) : De la lecture des auteurs profanes. 1 fr. 25 c.
— Contre les usuriers. 75 c.
— Observe-toi toi-même. 90 c.
CHRYSOSTOME (S. JEAN) : Homélie en faveur d'Eutrope. 60 c.
— Homélie de l'évêque Flavien. 1 fr.
DÉMOSTHÈNE : Discours contre la loi de Leptine. 3 fr. 50 c.
— Discours sur la couronne. 3 fr. 50 c.
— Harangue sur l'ambassade. 6 fr.
— Les trois Olynthiennes. 1 fr. 50 c.
— Les quatre Philippiques. 2 fr.
DENYS D'HALICARNASSE : Première lettre à Ammée. 1 fr. 25 c.
ESCHINE : Disc. contre Ctésiphon. 4 fr.
ESCHYLE : Prométhée enchaîné. 3 fr.
— Les Sept contre Thèbes. 1 fr. 50 c.
— Morceaux choisis de M. Weil. 5 fr.
ÉSOPE : Fables choisies. 1 fr. 25 c.
EURIPIDE : Alceste. 2 fr.
— Électre. 3 fr.
— Hécube. 2 fr.
— Hippolyte. 3 fr. 50 c.
— Iphigénie à Aulis. 3 fr.
GRÉGOIRE DE NAZIANZE (Saint) : Éloge funèbre de Césaire. 1 fr. 25 c.
— Homélie sur les Machabées. 90 c.
GRÉGOIRE DE NYSSE (Saint) : Contre les usuriers. 75 c.
— Éloge funèbre de saint Mélèce. 75 c.
HÉRODOTE : Morceaux choisis. 7 f. 50
HOMÈRE : Iliade, 6 volumes. 20 fr.
Chants I à IV. 1 vol. 3 fr. 50 c.
Chants V à VIII. 1 vol. 3 fr. 50 c.
Chants IX à XII. 1 vol. 3 fr. 50 c.
Chants XIII à XVI. 1 vol. 3 fr. 50 c.
Chants XVII à XX. 1 vol. 3 fr. 50 c.
Chants XXI à XXIV. 1 vol. 3 fr. 50 c.
Chaque chant séparément. 1 fr.
Odyssée, 6 vol. 24 fr.
Chants I à IV. 1 vol. 4 fr.
Chants V à VIII. 1 vol. 4 fr.
Chants IX à XII. 1 vol. 4 fr.
Chants XIII à XVI. 1 vol. 4 fr.
Chants XVII à XX. 1 vol. 4 fr.
Chants XXI à XXIV. 1 vol. 4 fr.
Les chants I, II, VI, XI, XII, XXII et XXIII séparément. Chacun 1 fr.

ISOCRATE : Archidamus. 1 fr. 50 c.
— Conseils à Démonique. 75 c.
— Éloge d'Évagoras. 1 fr.
— Panégyrique d'Athènes. 2 fr. 50 c.
LUC (Saint) : Évangile. 3 fr.
LUCIEN : Dialogues des morts. 2 fr. 25
— Le Songe ou le Coq. 1 fr. 50
— De la manière d'écrire l'histoire. 2 fr.
PÈRES GRECS : Discours. 7 fr. 50 c.
PINDARE : Isthmiques (les). 2 fr. 50 c.
— Néméennes (les). 3 fr.
— Olympiques (les). 3 fr. 50 c.
— Pythiques (les). 3 fr. 50 c.
PLATON : Alcibiade (le 1er). 2 fr. 50 c.
— Apologie de Socrate. 2 fr.
— Criton. 1 fr. 25 c.
— Gorgias. 6 fr.
— République, livre VI. 2 fr. 50
— Phédon. 5 fr.
— République, livre VIII. 2 fr. 50 c.
PLUTARQUE : Lect. des poètes. 3 fr.
— Sur l'éducation des enfants. 2 fr.
— Vie d'Alexandre. 3 fr.
— Vie d'Aristide. 2 fr.
— Vie de César. 2 fr.
— Vie de Cicéron. 3 fr.
— Vie de Démosthène. 2 fr. 50 c.
— Vie de Marius. 3 fr.
— Vie de Pompée. 5 fr.
— Vie de Solon. 3 fr.
— Vie de Sylla. 3 fr.
— Vie de Thémistocle. 2 fr.
SOPHOCLE : Ajax. 2 fr. 50 c.
— Antigone. 2 fr. 25 c.
— Électre. 3 fr.
— Œdipe à Colone. 2 fr.
— Œdipe roi. 1 fr. 50 c.
— Philoctète. 2 fr. 50 c.
— Trachiniennes (les). 2 fr. 50c.
THÉOCRITE : Œuvres. 7 fr. 50 c.
THUCYDIDE : Guerre du Péloponèse, livre I. 6 fr.
— Guerre du Péloponèse, liv. II. 5 fr.
— Morceaux choisis de M. Croiset. 5 fr.
XÉNOPHON : Les sept livres de l'Anabase. 12 fr.
Chaque livre séparément. 2 fr.
— Apologie de Socrate. 60 c.
— Cyropédie, livre I. 1 fr. 25 c.
— livre II. 1 fr. 25 c.
— Économique. 3 fr. 50 c.
— Entretiens mémorables. 7 fr. 50 c.
Chaque livre séparément. 2 fr.
— Morceaux choisis de M. de Parnajon. 7 fr. 50 c.

À LA MÊME LIBRAIRIE : Traductions juxtalinéaires des principaux auteurs latins, allemands, anglais, qu'on explique dans les classes.

Imprimerie A. Lahure, 9, rue de Fleurus, Paris.